LE MÉMOIRE

SUR LE

DROIT COUTUMIER

JUGÉ

PAR LE PAPE,

LES CARDINAUX ET LES ÉVÊQUES.

PARIS,

JACQUES LECOFFRE ET Cⁱᵉ, LIBRAIRES,

RUE DU VIEUX-COLOMBIER, 29.

LE MÉMOIRE

SUR

LE DROIT COUTUMIER

JUGÉ

PAR LE PAPE

PARIS. — TYP. SIMON RAÇON ET COMP., RUE D'ERFURTH, 1.

LE MÉMOIRE

LE DROIT COUTUMIER

JUGÉ PAR

LE PAPE

LES CARDINAUX ET LES ÉVÊQUES.

PARIS

JACQUES LECOFFRE ET Cie, LIBRAIRES,

29, RUE DU VIEUX-COLOMBIER.

1853

INTRODUCTION.

Ce n'est pas seulement dans la France, à laquelle elle était principalement adressée, que l'encyclique fait retentir les oracles du Saint-Siége : les échos du monde la répètent. A tous les degrés de la hiérarchie catholique, on entend un concert de bénédiction et d'obéissance. Pas la moindre opposition ne vient troubler cet accord unanime. Hors de l'Église même, la voix de Pie IX charme par la révélation d'un bien inconnu et désiré, cette paix que le monde n'a pas et qu'il ne peut donner. L'encyclique a donc une valeur prépondérante parmi les monuments ecclésiastiques de notre époque. Cette raison seule nous prouverait déjà qu'il ne suffit pas de la lire, qu'il faut encore la *méditer*, comme nous en avertit Mgr l'évêque de Saint-Claude.

Mais ce premier motif se double d'un autre aussi puissant, quand on vient à découvrir la gravité des conséquences renfermées dans cette exhortation paternelle, où, suivant l'heureuse expression de Mgr l'évêque d'Amiens, la force se cache dans la douceur et la douceur dans la force.

CONSÉQUENCES GÉNÉRALES DE L'ENCYCLIQUE.

Des dissentiments s'étaient fait jour dans le sein du clergé. Ils s'expliquaient sans exclure la bonne foi de la part d'un grand nombre. Des préjugés théologiques étaient implantés et entretenus par l'éducation, de telle manière que beaucoup de caractères honorables y étaient pris. On se figurait que sur les points qui n'étaient pas strictement définis par l'Église, l'esprit d'union et de patriotisme exigeait qu'on se rattachât aux traditions locales, confondues mal à propos avec l'héritage de science et de sainteté légué par les derniers temps de notre histoire ecclésiastique. Dans ce système, si l'instinct dont nous parlons était un système, l'unité catholique aurait eu deux centres d'attraction, l'un à Rome, pour les articles de foi, et l'autre en France, pour les opinions soi-disant nationales. Aujourd'hui, ce faux point d'honneur n'est plus possible, ni l'ignorance plus ou moins invincible qu'il entretenait. L'encyclique n'admet qu'un centre d'unité, la chaire de Pierre, tant pour les opinions que pour les dogmes. En effet, elle exige la plus parfaite concorde dans tout ce qui a trait à l'exposition de la doctrine, à la revendication de la liberté catholique, à la défense de la cause de l'Église, et elle proclame que cette concorde ne peut s'opérer qu'autour du siége apostolique, *qu'on a le devoir de consulter sur toute espèce de question, et qui a le droit d'intervenir d'abord dans toute espèce de controverse.*

Rien de plus vénérable que cette décision, mais aussi rien de plus logique. Chercher en France un centre d'unité et de défense pour les opinions locales, recruter des voix et les additionner en nombre suffisant pour imposer, c'était supposer que Rome refusait de reconnaître la liberté des opinions, et qu'elle

mettait ses intérêts avant la charité ; en un mot, qu'elle man-
quait à la devise de saint Augustin : *In dubiis libertas, in
omnibus charitas.* Cette supposition était tout simplement une
injure au Saint-Siége et au Saint-Esprit qui l'assiste, injure aussi
gratuite qu'ingrate. Si le dogme n'a pas de défenseur plus in-
tègre que la papauté, la liberté des opinions n'a pas non plus
de protecteur plus assuré. Son histoire, interrogée même super-
ficiellement, fournit dans tous les siècles la preuve de cette
assertion, et les recommandations contenues dans l'encyclique
en sont la confirmation actuelle.

D'ailleurs, ce prétendu centre d'unité pour des opinions pré-
tendues nationales, même avec le tempérament modéré qu'on
essayait de leur refaire, était plutôt un centre de discorde que
de paix. Car, le pouvoir de décider ce qui est libre dans l'Église
ne lui étant pas dévolu, chacun restait maître de ses apprécia-
tions. Ceux-ci admettaient des libertés en tel nombre, ceux-là
en tel autre. Ensuite les uns restreignaient chaque liberté jusqu'ici, les autres l'étendaient jusque-là. On ne pouvait sortir de
ce contentieux qu'en recourant à la chaire de Pierre, qui peut
délimiter avec une autorité également certaine le terrain des
opinions et celui de la doctrine. Aussi l'encyclique ne recon-
naît-elle qu'un seul moyen de déraciner le germe des divisions,
et de donner au monde le spectacle de cette unanimité qui
brise les assauts et déjoue les ruses de l'ennemi : *prendre le
Saint-Siége pour arbitre avec une entière confiance.*

Nous devons signaler un autre malentendu qui contribuait
grandement à entretenir l'illusion que l'encyclique a pour but
de faire évanouir. On confondait avec les opinions reconnues
comme douteuses, et par conséquent libres, toutes les doctrines
non inscrites dans le symbole de la foi d'une manière explicite,
ou du moins qui n'avaient pas encore été flétries d'une note théologique par le Saint-Siége. Mais il existe, dans les enseigne-

ments de l'Église romaine, plusieurs propositions dont elle n'a pas condamné les contradictoires pour des motifs dont elle reste juge, sans que pour cela elle doute le moins du monde de leur vérité. C'est pourquoi l'encyclique, désirant rétablir la concorde dans les esprits, ne demande pas seulement la foi aux dogmes proclamés et la soumission aux propositions condamnées, mais elle avertit positivement *qu'on ait à faire disparaître les opinions et les préjugés opposés au Saint-Siége et à son autorité.*

La conséquence à tirer de cette partie du document pontifical est que, parmi les opinions qui regardent l'autorité du Saint-Siége, il ne doit plus y avoir de douteuses et de libres pour les catholiques français, que celles qui sont reconnues en ces deux qualités par le vicaire de Jésus-Christ; et qu'en dehors de ce moyen pacificateur il resterait toujours parmi nous la racine de dissension dont les fruits amers ont causé cette affliction profonde qui a forcé Pie IX d'élever la voix.

En effet, les opinions auxquelles l'encyclique fait ici allusion n'ont rien de commun avec certaines opinions débattues parmi les théologiens, ou tolérées par l'Église latine dans les Églises orientales, et dont la nature est sans portée dangereuse, quel que soit le parti qu'on adopte. Que les thomistes aient raison et que les molinistes aient tort, que le prêtre soit le ministre du sacrement de mariage, ou que ce soient les époux, que le pain eucharistique doive être azime ou fermenté, l'exposition de la doctrine chrétienne, ses preuves, son apologie, se font avec une facilité à peu près égale dans l'une ou l'autre hypothèse. Pour trouver un obstacle dans la différence de ces opinions, il faudrait remonter à une hauteur de synthèse qui dépasse de beaucoup nos besoins intellectuels ici-bas. Mais il en va tout autrement quand il s'agit des nouvelles opinions françaises et des doctrines romaines même dans leurs conséquences prochaines. L'histoire ecclésiastique, la vie des saints, la liturgie, le droit canon, la morale politique, le droit des gens, la civilisation, tout change d'aspect dans le génie du christianisme, suivant qu'on adopte les unes ou qu'on obéit aux autres.

Ajoutons que, dans un siècle où les esprits tendent aux généralisations, où la logique pousse les problèmes à bout, où la contre-épreuve historique est exigée pour toutes les thèses, où la légitimité de la foi et l'usurpation du rationalisme combattent pour l'empire du monde, les questions de hiérarchie qui se résolvent par ces opinions ou ces doctrines deviennent des questions inévitables. Qui ne voit maintenant la gravité radicale de nos préjugés nationaux, à quel point ils devaient éveiller la sollicitude du Saint-Siége, plus à notre époque qu'à aucune autre, et combien il serait imprudent de les ranger dans cette catégorie des opinions théologiques auxquelles le doute assure une liberté sans inconvénient ?

Mais qu'est-il besoin de relever la portée de ces opinions et de leur tendance dans le sein du clergé, comme au dehors, vis-à-vis des hérétiques et des incrédules ? Personne n'en est plus persuadé que ceux qui les professent. Ils ne les ont inventées et ils ne les conservent qu'afin de sauver, croient-ils, la religion et l'Église de difficultés insurmontables, et de préserver la papauté elle-même contre ses propres *exagérations* : ce qui prouve déjà la contradiction de leurs partisans avec eux-mêmes, quand ils allèguent l'indifférence de ces opinions et qu'ils plaident leur non-essentialité et leur caractère douteux, pour revendiquer leur liberté. Les disputes actuelles, les dissensions qu'elles ont enfantées, et dont l'encyclique doit être la clôture, sont une nouvelle preuve de cette attitude inconséquente. Si l'on n'avait pas été persuadé qu'il y avait au fond de ce débat un intérêt de premier ordre, les esprits ne se fussent ni enflammés ni partagés à ce point. Le pasteur des brebis et des agneaux n'eût pas été contristé à la vue de son troupeau menacé de dispersion ; et même ce qui peut excuser ces dissentiments dans son cœur, est la sincérité de l'importance que les deux partis y attachaient.

Mais, en allant au fond, on ne tarde pas à s'apercevoir que les gallicans s'éloignaient du but qu'ils voulaient atteindre, et que toute leur industrie était en pure perte. Car, si le Saint-Siége compromet la religion et l'Église, s'il favorise des doctrines qui ajoutent gratuitement aux difficultés déjà trop insurmontables de l'établissement et du maintien du catholicisme dans le monde, il faut en faire son deuil. Ce ne sera pas le zèle de quelques-uns, ni leurs explications, ni leur génie, qui pourront réparer le dommage causé par les prétentions de la cour de Rome. Personne ne sauvera l'Église, si le Pape la perd ! On ne fortifiera pas l'Église en désavouant le Saint-Siége sur certains points ; cette tactique produira un résultat tout opposé. En s'inscrivant en faux contre le Pape, on affaiblira l'Église sur toute sa ligne de défense. L'histoire s'est chargée de confirmer ces prévisions bien faciles, quand elle a donné le produit net de ces malheureuses controverses. De la naissance du gallicanisme jusqu'aux massacres révolutionnaires du clergé, l'influence de l'Église a subi un abaissement continu ; et depuis ce baptême et cette résurrection par le sang jusqu'à nos jours, nulle part l'influence de l'Église ne s'est refaite à l'aide du gallicanisme. Au contraire, les plus hautes intelligences, égarées au sein de l'hérésie ou de l'incrédulité, dont la conversion a été le signal de la restauration religieuse, sont rentrées au bercail par la porte des doctrines romaines. Et, en effet, Dieu a permis que les problèmes de l'esprit humain au dix-neuvième siècle fussent posés de telle sorte, qu'elles seules puissent en donner la clef.

On conçoit donc que le Saint-Siége diminue de plus en plus

l'espèce de tolérance qu'il avait accordée aux opinions dont il s'agit, à une époque qui avait moins besoin des doctrines contraires. Cette concession du silence devait cesser à mesure qu'elle pouvait paraître une prévarication. Aux grands maux qui sont sortis des mensonges révolutionnaires, il fallait opposer les grands remèdes d'une vérité plus complète. Quand l'anarchie menaçait de dissoudre l'ordre social, il était opportun de resserrer les rangs de la milice sacrée. Divisé sur des points stratégiques au milieu d'une bataille décisive, le clergé aurait couru des risques formidables.

La disposition des esprits et des cœurs ne rend pas moins justice à la sagesse du Saint-Siége dans les mesures qu'il a prises. Les temps ne sont plus où l'homme avait une telle confiance en lui-même qu'il n'attribuait qu'à son génie politique le maintien de la société, où l'on faisait à l'Église une part avare et sans cesse contestée, où une magistrature imprévoyante et jalouse portait ses soupçons d'un côté qui n'offrait rien à craindre, et dormait tranquille sur un volcan. Les plus lamentables expériences sont venues en aide à la médiocrité de notre foi ; aujourd'hui personne de sensé ne doute plus qu'une rupture à la digue de la religion ne fût un nouveau et dernier débordement des folies socialistes. « La France, en proie à ses désordres et à ses alarmes, disait il y a quelques jours M. Guizot, s'est jetée dans les bras de la religion chrétienne, en s'écriant : Nous périssons, sauvez-nous ; exercez votre action ; reprenez votre empire ; faites tout ce qui sera nécessaire pour nous sauver ! » Le siége apostolique pouvait-il ne pas entendre cette invocation, ne pas la prendre au mot ; et, chargé d'une responsabilité si haute, ne devait-il pas l'assurer par des vérités héroïques que la faiblesse de l'ancien régime n'eût pas supportées ?

On a souvent parlé dans ces dernières années d'ère nouvelle, sans pouvoir définir ces espérances pleines d'utopie, ou même en les expliquant d'une façon très-hétérodoxe. Mais on pourrait bien dire assurément que l'encyclique de Pie IX est la date d'une ère nouvelle dans l'histoire de nos églises, et alors le sens de cette expression serait aussi facile à préciser que favorable à l'orthodoxie : — Il n'y a plus d'Alpes entre le clergé français et le chef de l'Église. L'influence du Saint-Siége sur l'éducation théologique n'est soumise à aucune restriction locale. Les opinions sont libres quand il les permet, mauvaises quand il les défend, inopportunes quand il les ajourne. — Un redoublement de charité, de foi, de victoire sur l'esprit du monde, sera la dernière conséquence de cette union plus intime, issue de l'encyclique.

CONSÉQUENCES PARTICULIÈRES DE L'ENCYCLIQUE.

I. — Inquiets des lettres pleines de piété filiale, et de l'obéissance la plus dévouée que les évêques, réunis en concile, adressaient au Saint-Siége, en lui soumettant les statuts et les décrets qu'ils venaient de souscrire, quelques auteurs prétendaient qu'il y avait de fortes raisons pour ralentir le zèle et suspendre la tenue des conciles provinciaux, sans quoi tous les usages de nos églises allaient s'effacer. Ils semblaient même féliciter les provinces qui n'avaient pas encore pu profiter de la liberté ecclésiastique si heureusement rendue. — L'encyclique fait voir combien cette manière de raisonner est opposée aux désirs et aux avis du Saint-Siége. Elle déclare que l'omission des conciles, et leur suspension là où ils ont repris leur cours, serait préjudiciable à la saine doctrine, à la discipline et au droit canon.

II. — Il serait superflu de rappeler les controverses auxquelles les bréviaires gallicans ont donné lieu, tant elles ont eu de retentissement, et par la nature des imputations, et par le nombre des écrits publiés, et par la dignité de quelques auteurs, et par la science éminente du T. R. P. abbé de Solesmes. Un mot de l'encyclique juge ce grand procès. La constitution de saint Pie V était violée chez nous, et sur un point important, quoi qu'on en ait dit, puisque l'encyclique fait remarquer la sagesse et la prudence de cette constitution.

. Mais dans combien de diocèses était-elle violée? L'encyclique répond : *in multis*. Quelle portée faut-il donner à cette expression? La phrase précédente peut lui servir de commentaire : *in quam plurimis diœcesibus ubi hactenùs peculiaria rerum adjuncta minimè obstiterunt*. Si donc on veut avoir le chiffre approximatif représenté par *multis*, il faut additionner les diocèses qui ont déjà rétabli la liturgie romaine, et ceux qui ont résolu de la rétablir, au nombre de cinquante-six, plus ceux qui allèguent, pour ne pas prendre une pareille mesure, l'obstacle de circonstances particulières, avec l'approbation du Saint-Siége, juge suprême en pareille matière. Nous disons que le total de cette addition, qui est assez élevé, comme on voit, n'est cependant qu'un chiffre approximatif, car il se pourrait faire que tel diocèse prétendît avoir une cause de légitime exemption, sans que le saint-siége l'eût encore reconnue pour valable.

III. — L'encyclique, traçant le programme de l'instruction cléricale, y comprend la théologie, l'histoire ecclésiastique et le droit canon. C'est une extension des études pratiquées jusqu'à ce jour. Un petit nombre de séminaires avaient un cours de droit canon; un moindre encore, un cours d'histoire ecclésiastique. Mais l'important en cette matière est l'avis donné par l'encyclique de n'user que de livres qui jouissent à cette fin de l'approbation du Saint-Siége. Il y allait, en effet, de notre honneur, qui supportait toujours quelque dommage, quand un auteur confié aux mains des élèves, bien qu'amendé par les soins du professeur, venait à être mis à l'index. Il y allait surtout de la plus légitime influence du chef de l'Église sur la jeune génération des lévites. C'est lui rendre un droit que les catholiques français ont longtemps réclamé, et dont il se trouvait en partie exclu : la liberté d'enseignement.

IV. — Depuis la réforme, les lettres tendaient à se séculariser. Le divorce entre la science et l'Église fut complet à la fin du dix-huitième siècle. Quand la miséricorde divine voulut mettre. fin à ce schisme mortel, elle suscita du milieu du monde trois écrivains qui sentirent le besoin de ramener la littérature dans le sanctuaire, et qui opérèrent cette réconciliation avec tout l'éclat du génie. Le comte de Maistre, M. de Bonald et Châteaubriand devinrent les chefs d'une école catholique laïque, qui, de France, s'est répandue dans toutes les nations européennes. Hélas ! cette école vient de perdre, dans toute la maturité du talent, son représentant contemporain le plus illustre ! — Mais n'y avait-il pas plus d'inconvénients que d'avantages à permettre aux laïques de traiter des sujets religieux, surtout par l'organe des journaux ? Ce point a fait naître une controverse que Mgr Parisis, évêque de Langres, avait déjà résolue en faveur des hommes du monde, dans sa lettre à M. le comte de Montalembert. Mais l'autorité de sa parole et la force de ses raisons n'eurent pas le pouvoir de convaincre tous ses adversaires. Il fallait un oracle suprême. L'encyclique vient de le rendre aussi clair et aussi complet que les plus exigeants pouvaient le désirer.

V. — Nous terminons par le *Mémoire sur la situation présente de l'Église de France, relativement au droit coutumier.* La condamnation de ce Mémoire entraîne des conséquences qu'il importe de préciser. On se rappelle avec quelle confiance l'auteur de cette lettre anonyme l'avait adressée aux évêques, aux vicaires généraux, aux directeurs des séminaires. On n'ignore pas le cas que faisaient de ce travail des esprits graves,

au point de laisser planer sur leur tête le soupçon de coopéra-
tion, sans mettre d'empressement à le dissiper. En effet, on
peut dire que ce *Mémoire* était digne, sous un rapport, de cette
considération. Depuis quelques années, les opinions gallicanes
avaient trouvé des défenseurs officiels dans les positions les plus
distinguées. Mais leurs plaidoyers, peu circonspects en plusieurs
points, n'avaient pas échappé à la censure de l'index. Le *Mémoire sur le droit coutumier*, au contraire, avait pris à tâche
de remplacer ces écrits malheureux, et de soutenir les mêmes
opinions, de s'inspirer du même esprit avec tant de mesure,
qu'il échappât au sort de ses devanciers. Il faut reconnaître que
le plan qui avait été conçu judicieusement a été exécuté avec
habileté. Il était difficile de réduire les prétentions gallicanes à
une plus simple expression, de les appliquer plus modestement
aux temps présents, et d'en former un corps de remontrances
plus respectueuses. Cependant ce rare mérite n'a été récom-
pensé que par une condamnation triple : l'encyclique, l'index
et le concile d'Amiens, sans parler des évêques particuliers. Il
faut en conclure que le Saint-Siége restreint de plus en plus
l'exposition des quatre articles de 1682, que la logique des dé-
ductions ne peut être comptée comme une sauvegarde par ceux
qui travaillent sur cette matière, et qu'on doit désespérer d'é-
chapper aux censures, à moins de répéter presque textuelle-
ment la formule de la déclaration, *more psittacorum*, comme
dit Érasme.

Nous n'avons point à entrer ici dans le débat des avantages
que le droit coutumier peut conférer aux évêques, parce qu'une
sentence suprême l'a déjà tranché, et que, d'ailleurs, cette recherche nous détournerait du but spécial que nous nous sommes
proposé. Nous n'en dirons que deux choses en passant : 1° Le
pouvoir législatif des papes a été souvent plus favorable aux
évêques que le droit coutumier, comme on le voit dans la légende

de saint Grégoire le Grand : *Episcopis Siciliæ qui ex antiquæ ecclesiarum consuetudine Romam singulis trienniis conveniebant, quinto quoque anno semel venire indulsit.* 2° Le droit coutumier a été souvent moins favorable aux évêques que le droit commun. On en trouve une preuve dans un passage rapporté par l'auteur du *Mémoire*, dans un moment de distraction violente, et qu'il ne voulait pas sans doute citer à cette fin. A propos d'un différend élevé entre le patriarche d'Antioche et les évêques de Chypre, le troisième concile d'Ephèse s'exprime ainsi : *Si non est vetus mos quod episcopus Antiochenus ordinet in Cypro,... habebunt jus suum intactum et inviolatum qui sanctis in Cypro ecclesiis præsunt.* D'où il suit que si la coutume favorable au patriarche d'Antioche avait été constatée comme ancienne, ce que le concile suppose possible, le droit naturel des évêques de Chypre en eût souffert dommage. Voilà comment il n'est pas toujours avantageux de mettre les droits épiscopaux sous la protection du droit coutumier. Celle du Pape aurait moins d'inconvénients.

Mais soit qu'il s'agisse du droit coutumier, soit qu'il s'agisse du droit canonique, si l'on peut encore admettre abstractivement que le pouvoir du Pape ne va pas jusqu'à les changer l'un et l'autre, sans le consentement des évêques intéressés, ainsi que le veut le quatrième article de 1682, il est impossible que le Pape laisse appliquer dorénavant cette théorie aux affaires ecclésiastiques. Cette rigueur moderne du Saint-Siége n'a rien qui doive étonner, quand on considère que plus de tolérance le mettrait en contradiction avec lui-même, et personne ne peut moins s'en blesser qu'un Français. Qui admettra, si ce n'est celui qui jouit du bienfait, que le Pape est dans l'obligation de justifier les actes de plein pouvoir par lesquels il a rendu la vie aux églises de France ? Or, cette obligation, ce devoir se réveillent dès qu'on tente, de nos jours, de constituer en faveur du droit coutumier une espèce d'inviolabilité. L'auteur du *Mémoire* lui-même l'a bien senti. A peine a-t-il ouvert la discussion, qu'il a été amené contre son gré, sans doute, sur le terrain brûlant du concordat de 1801. Si le droit coutumier a été placé par la Providence comme la neutralité d'un tiers entre le Pape et les grandes fractions du corps épiscopal (car telle est sa thèse), comment le Pape a-t-il pu renverser par un acte dictatorial le droit coutumier comme le droit écrit, tout l'ancien régime des Églises de France? — L'objection se présente inévitablement.

L'auteur du *Mémoire* répond : En 1801, la nécessité était évidente, et en cas de nécessité, le Pape peut tout pour sauver l'Église. — Très-bien; mais qui décidera de la nécessité? Si c'est le Pape, il reprend par ce côté la dictature que vous lui disputiez. Si ce sont les évêques, le Pape tiendra des évêques l'exercice de son pouvoir suprême de juridiction. C'est constitutionnel peut-être, parlementaire, progressif, tout ce que vous voudrez, tout, excepté catholique.

Au résumé et dans l'espèce, Pie VII, signant le Concordat, n'a pas invoqué le droit de la nécessité, l'évidence de la nécessité; il a invoqué la pleine puissance de régir l'Église qui lui a été donnée par J.-C. et reconnue par le concile de Florence. Il n'a pas soumis la nécessité du Concordat aux évêques, il a soumis les évêques à la nécessité du Concordat. Un grand nombre de prélats n'ont pas trouvé évidente la nécessité du Concordat, et ont différé de s'y soumettre. Le Pape n'a jamais reçu cette excuse, qui aurait changé la nature de ses actes. Aussi, quand ces évêques sont rentrés successivement en grâce auprès du Saint-Siége, aucun d'eux n'a déclaré reconnaître enfin la nécessité du Concordat, mais tous, sans exception, *se sont soumis au jugement du Pape sur les affaires ecclésiastiques de France.*

Le Saint-Siége ne pouvait donc pas admettre le *Mémoire* sur le droit coutumier sans infirmer l'autorité du Concordat, qui est l'immortel honneur de Pie VII et de Napoléon. Cependant nous avons dit et nous maintenons que ledit *Mémoire* est la formule la plus décente du gallicanisme pratique. Il faut en conclure que le gallicanisme peut à peine avoir une existence spéculative; car, aussitôt qu'il veut s'appliquer à l'histoire contemporaine, il va se heurter contre des faits accomplis qui exigent du Saint-Siége ou l'abdication de son autorité, ou la censure des auteurs dont la modération est téméraire malgré elle.

L'encyclique de Pie IX consacre parmi nous l'habitude de consulter la chaire apostolique sur toutes les questions qui s'élèvent au sein de nos églises, quelle que soit leur nature; de la consulter avant que la majorité et la minorité se soient comptées parmi les évêques, et d'accepter sa direction sans réserve. Cette multiplication des rapports entre le Saint-Siége et nos diocèses ne peut manquer de se proportionner à l'accélération des transports entre Rome et la France. Quand nos pontifes pourront aller au tombeau des apôtres et revenir dans la même semaine, quand ils pourront interroger le matin l'oracle du Vatican et recevoir une dépêche électrique le soir, la papauté aura une sorte d'ubiquité dans l'Église qui fécondera son action dans une mesure inouïe. Mais cette dernière conséquence n'aura rien de superflu, si l'on veut bien réfléchir aux fléaux que la mobilisation des masses, le déplacement des foules et le mélange infini des individus peuvent attirer sur l'humanité.

L'Abbé **JULES MOREL**.

ENCYCLIQUE

DE

SA SAINTETÉ LE PAPE PIE IX

AUX

CARDINAUX, ARCHEVÊQUES ET ÉVÊQUES DE FRANCE.

DILECTIS FILIIS NOSTRIS S. R. E. CARDINALIBUS

ET VENERABILIBUS FRATRIBUS

ARCHIEPISCOPIS ET EPISCOPIS GALLIARUM

PIUS PP. IX.

Dilecti Filii Nostri, et Venerabiles Fratres, Salutem et Apostolicam Benedictionem. Inter multiplices angustias, quibus undique premimur pro commissa Nobis, licet immeritis, arcano Divinæ Providentiæ consilio omnium Ecclesiarum sollicitudine asperrimis hisce temporibus, quibus multi nimis ex eorum numero esse videntur, qui, uti prænuntiavit Apostolus, *sanam doctrinam non sustinent, sed ad sua desideria coacervantes sibi magistros a veritate auditum avertunt, et seductores proficiunt in pejus, errantes, et in errorem mittentes* (1) maxima certe lætitia perfundimur, cum ad inclytam istam tot sane nominibus illustrem, ac de Nobis præclare meritam Gallorum nationem oculos mentemque Nostram convertimus. Summa enim paterni

(1) Epist. II. ad Timot. Cap. IV. v. 3. 4. Cap. III. v. 13.

A NOS BIEN-AIMÉS FILS LES CARDINAUX

ET A NOS VÉNÉRABLES FRÈRES

LES ARCHEVÊQUES ET ÉVÊQUES DE FRANCE

PIE IX, PAPE.

Bien-aimés Fils et Vénérables Frères, Salut et Bénédiction
Apostolique. Au milieu des angoisses multipliées dont Nous
sommes accablé de toutes parts, dans le soin de toutes les
Églises qui Nous a été confié, malgré Notre indignité, par un
dessein impénétrable de la Divine Providence, en ces temps si
durs, où le nombre est trop grand de ceux dont l'Apôtre a dit :
*Ils ne supportent plus les saines doctrines, mais, se donnant
une foule de maîtres selon leurs désirs, ils ferment l'oreille à la
vérité, et se rapprochent des séducteurs pour leur propre perte,
tombant dans l'erreur et y faisant tomber les autres* (1). Nous
éprouvons la plus grande joie lorsque Nous tournons nos yeux
et notre esprit vers cette nation française, illustre à tant de titres, et qui a bien mérité de Nous. C'est avec une souverain<

(1) Epist. II. ad Timot. Cap. IV. v. 3, 4. Cap. III. v. 13.

2

animi Nostri consolatione videmus quomodo in ipsa natione, Deo bene juvante, Catholica Religio, ejusque salutaris doctrina magis in dies vigeat, floreat, ac dominetur, et quanta cura et studio Vos, Dilecti Filii Nostri, ac Venerabiles Fratres, in sollicitudinis Nostræ partem vocati, ministerium vestrum implere, ac dilecti gregis Vobis commissi incolumitati, et saluti consulere contendatis. Atque hujusmodi Nostra consolatio majorem in modum augetur, cum ex obsequentissimis, quas ad nos scribitis, Litteris magis magisque noscamus qua filiali pietate, amore, et observantia prosequi gloriemini Nos, et hanc Petri Cathedram catholicæ veritatis et unitatis centrum, et omnium Ecclesiarum omnino caput, matrem, atque magistram (1), ad quam omnis obedientia et honor est deferendus (2), ad quam propter potiorem principalitatem necesse est, omnem convenire Ecclesiam, hoc est qui sunt undique fideles (3). Neque minori certe afficimur jucunditate, cum haud ignoremus, Vos gravissimi episcopalis vestri muneris et officii optime memores sedulam in Dei gloria amplificanda, ejusque Sanctæ Ecclesiæ causa propugnanda impendere operam, atque omnem pastoralem vestram curam et vigilantiam adhibere, ut ecclesiastici vestrarum Diœcesium Viri quotidie magis digne ambulantes vocatione, qua vocati sunt, virtutum omnium exempla Christiano populo præbeant, proprii ministerii munia diligenter obeant, atque ut fideles Vobis commissi magis in dies enutriti verbis fidei, et per gratiarum charismata confirmati, crescant in scientia Dei et instent viam, quæ ducit ad vitam, ac miseri errantes ad salutis semitam redeant. Hinc pari animi Nostri gaudio cognoscimus qua alacritate Vos Nostris desideriis ac monitis obsecundantes Provincialia Concilia concelebrare studeatis, ut in vestris Diœ-

---

(1) S. Cyprian. Epist. 45. S. August. Epist. 162 et alii.
(2) Concil. Ephes. Act. IV.
(3) S. Irenæus adversus hæreses. Cap. III.

consolation pour Notre cœur paternel que nous voyons dans
cette nation, par la grâce de Dieu, la Religion catholique et
sa doctrine salutaire croître de jour en jour, fleurir et dominer,
et avec quel soin et quel zèle, vous, Nos Chers Fils et Vénérables Frères, appelés à partager Notre sollicitude, vous vous
efforcez de remplir votre ministère et de veiller à la sûreté et
au salut du cher troupeau qui vous est confié. Cette consolation
est encore singulièrement augmentée par les lettres si respectueuses que vous Nous écrivez et qui Nous font connaître avec
quelle piété filiale, avec quel amour, avec quelle ardeur vous
vous glorifiez d'être dévoués à Nous et à cette Chaire de Pierre,
centre de la vérité catholique et de l'unité, chef, mère et maî-
tresse (1) de toutes les Églises, à laquelle toute obéissance et
tout honneur sont dus (2), à laquelle, à cause de sa principauté
principale, il faut que toute Église s'unisse, toute Église, c'est-
à-dire les fidèles qui sont sur tous les points de la terre (3).
Nous n'éprouvons pas une moindre joie à voir que, vous rappelant sans cesse vos graves fonctions épiscopales et vos devoirs,
vous déployez tous vos soins de pasteurs et toute votre vigilance, afin que les prêtres de vos diocèses, marchant chaque jour
plus dignement dans la vocation où ils ont été appelés, donnent
au peuple l'exemple de toutes les vertus et accomplissent exac-
tement la charge de leur propre ministère, et afin que les fidèles qui vous sont confiés, chaque jour nourris plus abondam-
ment des paroles de la foi et confirmés par l'abondance des
grâces, croissent dans la science de Dieu et s'affermissent dans
la voie qui conduit à la vie, et afin que les malheureux qui er-
rent rentrent dans le chemin du salut. Nous savons, et c'est
encore pour Notre cœur une douce joie, avec quel empressement, accueillant Nos désirs et Nos avis, vous vous appliquez
à tenir des Conciles provinciaux, afin de garder intact et pur

(1) S. Cyprian Epist. 45. S. August. Epist. 162 et alii.
(2) Concil. Ephes. Act. IV.
(3) S. Irenæus adversus hæreses. Cap. III.

cesibus et fidei depositum integrum, inviolatumque custodiatur, et sana tradatur doctrina, et divini cultus honor augeatur, et Cleri institutio ac disciplina corroboretur, et morum honestas, virtus, religio, pietas undique fausto felicique progressu magis in dies excitetur, et confirmetur. Atque vehementer gaudemus dum conspicimus, in quamplurimis istis Diœcesibus, ubi hactenus peculiaria rerum adjuncta minime obstiterunt, Romanæ Ecclesiæ Liturgiam singulari vestro studio juxta Nostra desideria fuisse restitutam. Quæ sane res eo magis grata Nobis accidit, quod noscebamus in multis Galliæ Diœcesibus ob temporum vicissitudinem haud ea fuisse servata, quæ sanctus Decessor Noster Pius V, provide sapienterque statuerat suis Apostolicis Litteris septimo Idus Julii anno 1568 datis, quarum initium « Quod a Nobis postulat ». Etsi vero hæc omnia non sine magna animi Nostri voluptate et insigni Vestri ordinis laude commemorare lætamur, Dilecti Filii Nostri, ac Venerabiles Fratres, tamen dissimulare non possumus gravem sane tristitiam, et mœrorem, quo in præsentia vehementer angimur, cum noscamus quas dissensiones antiquus inimicus inter Vos excitare conetur ad vestram animorum concordiam labefactandam, et infirmandam. Itaque pro Apostolici Nostri ministerii munere, et summa illa, qua Vos, et istos fideles populos prosequimur, caritate, has Vobis scribimus Litteras, quibus intimo Nostro cordis affectu Vos alloquimur, Dilecti Filii Nostri, et Venerabiles Fratres, atque una monemus, hortamur, et obsecramus, ut quotidie magis arctissimo inter Vos caritatis fœdere devincti et obstricti, atque unanimes, et idipsum invicem sentientes, omnia dissidia, quæ antiquus hostis commovere adnititur, pro eximia vestra virtute propulsare, ac penitus eliminare studeatis, et solliciti sitis cum omni humilitate et mansuetudine servare in omnibus unitatem spiritus in vinculo pacis. Ea enim sapientia præstatis, ut quisque Vestrum optime sciat quantopere sacerdotalis, et fida

dans vos diocèses le dépôt de la foi, afin de transmettre la saine doctrine, d'augmenter l'honneur du culte divin, de fortifier l'institution et la discipline du clergé, de promouvoir et d'affermir partout, par un heureux progrès, l'honnêteté des mœurs, la vertu, la religion, la piété. Nous éprouvons aussi une bien grande joie de voir que dans la plupart de vos diocèses, où des circonstances particulières n'y mettaient pas obstacle, la Liturgie de l'Église romaine a été rétablie, selon Nos désirs, grâce à votre zèle empressé. Ce rétablissement Nous a été d'autant plus agréable que Nous savions que, dans beaucoup de diocèses de France, à cause de la vicissitude des temps, on n'avait pas gardé ce que Notre saint Prédécesseur Pie V avait prescrit avec prudence et sagesse dans ses lettres Apostoliques du 7 des ides de juillet 1568, commençant ainsi : « *Quod a Nobis postulat.* » Mais en vous rappelant toutes ces choses, au grand bonheur de Notre âme et à la louange de votre Ordre, Bien-aimés Fils et Vénérables Frères, Nous ne pouvons néanmoins dissimuler la grande tristesse et la peine qui Nous accablent en ce moment, lorsque Nous voyons quelles dissensions l'antique ennemi s'efforce d'exciter parmi vous pour ébranler et affaiblir la concorde de vos esprits. C'est pourquoi, remplissant le devoir de Notre ministère Apostolique, et avec cette profonde charité que Nous avons pour vous et pour ce peuple fidèle, Nous vous écrivons ces Lettres dans lesquelles Nous Nous adressons à vous, Bien-aimés Fils et Vénérables Frères, et en même temps Nous vous avertissons, Nous vous exhortons et vous supplions de repousser avec la vertu qui vous distingue et de faire disparaître entièrement toutes les dissensions que ce vieil ennemi s'efforce d'exciter, vous rapprochant, vous serrant dans les liens de la charité, unanimes dans vos sentiments, et vous efforçant avec toute humilité et douceur de garder en toutes choses l'unité d'esprit dans le lien de la paix. Par cette sagesse, vous montrerez que chacun de vous sait combien la concorde sacerdotale et fidèle des esprits, des volontés et des sentiments est nécessaire, et sert à la prospérité de l'Église et au

animorum, voluntatum, et sententiarum concordia ad Ecclesiæ prosperitatem, atque ad sempiternam hominum salutem procurandam sit necessaria, atque proficiat. Quam quidem animorum, et voluntatum concordiam, si unquam alias, nunc certe studiis omnibus inter Vos foveatis oportet, cum præsertim ob egregiam carissimi in Christo Filii Nostri Napoleonis Francorum Imperatoris voluntatem, ejusque Gubernii operam nunc catholica istic Ecclesia omni pace, tranquillitate et favore fruatur. Atque hæc fausta in isto Imperio rerum, ac temporum conditio majori Vobis stimulo esse debet, ut una eademque agendi ratione omnia conemini, ut divina Christi religio, ejusque doctrina ac morum honestas, pietas, altissimis ubique in Gallia defigatur radicibus, et optima, atque intaminata juventutis institutio magis in dies procuretur, atque ita facilius hostiles inhibeantur, et frangantur impetus, qui jam eorum conatibus manifestantur qui fuere, et sunt constantes Ecclesiæ, et Christi Jesu hostes.

Quapropter, Dilecti Filii Nostri, et Venerabiles Fratres, majore quo possumus studio à Vobis etiam atque etiam exposcimus, ut in Ecclesiæ causa ejusque salutari doctrina, ac libertate tuenda, aliisque omnibus episcopalis vestri muneris partibus obeundis nihil potius, nihil antiquius habere velitis, quam ut concordissimis animis id idipsum dicatis omnes ac perfecti sitis in eodem sensu et in eadem sententia, et omni fiducia Nos et hanc Apostolicam Sedem consulatis ad omnem cujusque generis quæstionem, et controversiam à Vobis penitus removendam. Atque in primis, cum compertum exploratumque Vobis sit quantopere ad rei tum sacræ, tum publicæ prosperitatem conducat recta præsertim Cleri institutio, ne intermittatis concordibus animis in tanti momenti negotiorum curas, cogitationesque vestras conferre. Pergite, ut facitis, nihil unquam intentatum relinquere, ut adolescentes Clerici in vestris Seminariis ad omnem virtutem, pietatem, et ecclesiasticum spiritum

salut éternel des hommes. Et si jamais vous avez dû entretenir parmi vous cette concorde des esprits et des volontés, c'est aujourd'hui surtout que, par la volonté parfaite de Notre très-Cher Fils en Jésus-Christ, Napoléon, empereur des Français, et par les soins de son Gouvernement, l'Église catholique jouit chez vous d'une entière paix, de la tranquillité et d'une véritable protection. Cet heureux état de choses dans cet Empire et la condition des temps doivent vous exiter plus vivement à vous unir dans le même esprit de conduite, dans les mêmes moyens, afin que la divine Religion de Jésus-Christ, sa doctrine, la pureté des mœurs, la piété poussent partout en France de profondes racines, que la jeunesse y trouve plus facilement une meilleure et plus pure éducation, et que par là soient arrêtées et brisées ces tentatives hostiles qui déjà se manifestent, par les menées de ceux qui furent et sont encore les ennemis constants de l'Église et de Jésus-Christ.

C'est pourquoi, Bien-aimés Fils et Vénérables Frères, Nous vous demandons de plus en plus et avec toute l'insistance possible, que dans la cause de l'Église, dans la défense de sa sainte doctrine et de sa liberté, et dans l'accomplissement de tous les autres devoirs de votre charge épiscopale, vous n'ayez rien plus à cœur que de montrer entre vous une union complète d'intelligence, d'avoir les mêmes pensées et les mêmes sentiments, et de consulter en toute confiance Nous et ce Siége apostolique, dans les questions de tout genre et pour écarter de vous toute espèce de dissentiment. Et, avant tout, comprenez jusqu'à quel point une bonne direction du clergé intéresse la prospérité de la Religion et de la société, afin que vous ne cessiez pas, dans une parfaite union d'esprit, de porter sur une affaire de si grande importance vos soins et vos réflexions. Continuez, comme vous le faites, de ne rien épargner pour que les jeunes Clercs soient formés de bonne heure dans vos Séminaires à toute vertu, à la piété, à l'esprit ecclésiastique ; pour qu'ils grandissent dans l'humilité, sans laquelle Nous ne pouvons jamais plaire à Dieu ; pour qu'ils soient profondément instruits et avec

mature fingantur, ut in humilitate crescant, sine qua nunquam possumus placere Deo, ac simul humanioribus litteris, severioribusque disciplinis, potissimum sacris, ab omni prorsus cujusque erroris periculo alienis ita diligenter imbuantur, ut non solum germanam dicendi, scribendique elegantiam, eloquentiam tum ex sapientissimis Sanctorum Patrum operibus, tum ex clarissimis Ethnicis Scriptoribus ab omni labe purgatis addiscere, verum etiam perfectam præcipue, solidamque theologicarum doctrinarum, Ecclesiasticæ Historiæ et sacrorum Canonum scientiam ex auctoribus ab hac Apostolica Sede probatis depromptam consequi valeant. Ita porro illustris iste Galliæ clerus qui tot viris ingenio, pietate, doctrina, ecclesiastico spiritu, ac singulari in hanc Apostolicam Sedem obsequio spectatis refulget, magis in dies abundabit navis, et industriis operariis, qui virtutum ornatu præstantes, ac salutaris scientiæ præsidio muniti valeant in tempore auxiliariam Vobis in Dominica vinea excolenda operam præbere, eos qui contradicunt arguere, ac non solum Galliæ fideles in sanctissima nostra religione confirmare, verum etiam illam apud longinquas et infideles nationes sacris expeditionibus propagare, quemadmodum clerus idem summa cum sui nominis laude, religionis bono, et animarum salute hactenus peragendum curavit. Et quoniam una Nobiscum vehementer doletis de tot pestiferis libris, libellis, ephemeridibus, pagellis, quas virulentus Dei et hominum hostis undequaque evomere non desinit ad mores corrumpendos, ad fidei fundamenta concutienda, et omnia sanctissimæ religionis nostræ dogmata labefactanda, idcirco, Dilecti Filii Nostri, ac Venerabiles Fratres, pro episcopali vestra sollicitudine et vigilantia ne cessetis unquam unanimes gregem curæ vestræ commissum ab hisce venenatis pascuis omni studio avertere, eumque adversus tot errorum colluviem salutaribus, opportunisque monitis, et scriptis instruere, defendere et confirmare. Atque hic haud possumus,

tant de vigilance des lettres humaines et des sciences plus sé-
vères, surtout des sciences sacrées, qu'ils puissent, sans être
exposés à aucun péril d'erreur, non-seulement apprendre
la pureté du langage, l'élégance du style, et l'éloquence, tant
dans les ouvrages si remplis de sagesse des Saints Pères, que
dans les écrivains les plus illustres du paganisme, purgés de
toute souillure, mais encore acquérir surtout la science parfaite
et solide des doctrines théologiques, de l'Histoire ecclésiastique
et des Sacrés Canons, puisée dans des auteurs dont les ouvrages
sont conformes à l'esprit du Saint-Siége apostolique. Ainsi
cet illustre clergé de France, où brillent tant d'hommes distin-
gués par leur génie, leur piété, leur science, leur esprit ecclésiastique et leur respectueuse soumission au Siége apostolique,
abondera de plus en plus en ouvriers courageux et habiles, qui,
ornés de toutes les vertus, fortifiés par le secours d'une science
salutaire, pourront dans le temps vous aider à cultiver la vigne
du Seigneur, répondre aux contradicteurs, et non-seulement
affermir les fidèles de France dans Notre très-sainte Religion,
mais encore propager cette Religion dans de saintes expéditions
chez les nations lointaines et infidèles, comme ce même Clergé
l'a fait jusqu'ici, à la grande gloire de son nom pour le bien de
la Religion et pour le salut des âmes.

Vous êtes comme Nous pénétrés de douleur à la vue de tant
de livres, de libelles, de brochures, de journaux empoisonnés,
que répand sans relâche de toutes parts et avec fureur l'ennemi
de Dieu et des hommes, pour corrompre les mœurs, renverser
les fondements de la foi et ruiner tous les dogmes de notre sainte
Religion ; ne cessez donc jamais, Bien-aimés Fils et Vénérables
Frères, d'employer toute votre sollicitude et toute votre vigilance épiscopale pour éloigner unanimement avec le plus grand
zèle le troupeau confié à vos soins de ces pâturages pestilentiels;
ne cessez jamais de l'instruire, de le défendre, de le fortifier
contre cet amas d'erreurs par des avertissements et par des
écrits opportuns et salutaires. Et ici Nous ne pouvons Nous empêcher de vous rappeler les avis et les conseils par lesquels, il y

quin Vobis in mentem revocemus monita et consilia, quibus quatuor abhinc annos totius catholici orbis Antistites vehementer excitavimus, ne intermitterent viros ingenio, sanaque doctrina praestantes exhortari, ut viri ipsi opportuna scripta in lucem ederent, quibus et populorum mentes illustrare, et serpentium errorum tenebras dissipare contenderent. Quamobrem a Vobis efflagitamus, ut dum mortiferam pestilentium librorum, et ephemeridum perniciem a fidelibus curae vestrae traditis amovere studetis, eodem tempore illos viros omni benevolentia et favore prosequi velitis, qui catholico spiritu animati, ac litteris et disciplinis exculti, libros istic, et ephemerides conscribere, typisque mandare curant, ut catholica propugnetur, et propagetur doctrina, ut veneranda hujus S. Sedis jura, ejusque documenta sarta tecta habeantur, ut opiniones et placita eidem Sedi, ejusque auctoritati adversa de medio tollantur, ut errorum depellatur caligo, et hominum mentes suavissima veritatis luce collustrentur. Atque episcopalis vestrae sollicitudinis et caritatis erit catholicos istos scriptores bene animatos excitare, ut majore usque alacritate pergant catholicae veritatis causam sedulo, sciteque defendere, eosque paternis verbis prudenter monere, si quid in scribendo offenderint. Jam vero ea est vestra sapientia, ut probe noscatis infestissimos omnes catholicae religionis hostes acerrimum semper bellum, irrito licet conatu, gessisse contra hanc Beatissimi Principis Apostolorum Cathedram, haud ignorantes, religionem ipsam cadere, et labare nunquam posse, eadem Cathedra stante, quae illi innixa est petrae, quam superbae non vincunt inferorum portae (1), et in qua est integra christianae religionis, ac perfecta soliditas (2). Quocirca, Dilecti Filii Nostri, ac Venerabiles Fratres, a Vobis enixe postulamus, ut pro

---

(1) S. August. in Psal. contr. part. Donat.
(2) Litt. Synodic. Joann. Constantinopol. ad Hormisd. Pont.

a quatre ans, Nous excitions ardemment les Évêques de tout l'univers catholique à ne rien négliger pour engager les hommes remarquables par le talent et la saine doctrine à publier des écrits propres à éclairer les esprits et à dissiper les ténèbres des erreurs en vogue. C'est pourquoi, en vous efforçant d'éloigner des fidèles commis à votre sollicitude le poison mortel des mauvais livres et des mauvais journaux, veuillez aussi, Nous vous le demandons avec instance, soutenir par toute votre bienveillance et toute votre prédilection les hommes qui, animés de l'esprit catholique et versés dans les lettres et dans les sciences, consacrent leurs veilles à écrire et publier des livres et des journaux pour que la doctrine catholique soit propagée et défendue, pour que les droits dignes de toute vénération de ce Saint-Siége et ses actes aient toute leur force, pour que les opinions et les sentiments contraires à ce Saint-Siége et à son autorité disparaissent, pour que l'obscurité des erreurs soit dissipée et que les intelligences soient inondées de la douce lumière de la vérité. Votre charité et votre sollicitude épiscopale devront donc exciter l'ardeur de ces écrivains catholiques animés d'un bon esprit, afin qu'ils continuent à défendre la cause de la vérité catholique avec un soin attentif et avec savoir ; que si, dans leurs écrits, il leur arrive de manquer en quelque chose, vous devrez les avertir avec des paroles paternelles et avec prudence. Au surplus, votre sagesse n'ignore pas que les ennemis les plus acharnés de la Religion catholique ont toujours fait, quoique vainement, la guerre la plus violente contre cette Chaire du Bienheureux Prince des Apôtres, sachant fort bien que la religion elle-même ne pourra jamais ni tomber, ni chanceler, tant que demeurera debout cette Chaire fondée sur la pierre, dont ne triomphent jamais les portes superbes de l'enfer (1), et dans laquelle est entière et parfaite la solidité de la Religion chrétienne (2). C'est pourquoi, Fils Bien-aimés et Vénérables Frères, Nous vous le demandons de tout Notre pouvoir, conformément à la grandeur de la foi que vous avez dans l'Église, et à l'ardeur de votre piété pour

(1) S. August. in Psal. contr. part. Donat.
(2) Litt. Synodic. Joann. Constantinopol. ad Hormisd. Pont.

eximia vestra in Ecclesiam fide, ac præcipua in eamdem Petri Cathedram pietate nunquam desinatis una mente, unoque spiritu vestram omnem curam, diligentiam, et operam in id præsertim intendere, ut isti fideles Galliarum populi callidissimas insidian-tium hominum fraudes et errores sedulo devitantes quotidie magis filiali prorsus affectu, ac devotione huic Apostolicæ Sedi firmiter, constanterque adhærere, eique summo, quo par est, obsequio obtemperare glorientur. Omni igitur episcopalis ves-træ vigilantiæ studio nihil unquam neque re, neque verbis præ-termittite, quo fideles ipsi hanc S. Sedem magis magisque ex animo diligant, venerentur, omnique obsequio excipiant, et exe-quantur quidquid Sedes ipsa docet, statuit, atque decernit. Hic autem haud possumus, quin Vobis exprimamus summum dolo-rem, quo affecti fuimus, ubi inter alia improba scripta istic vul-gata nuper ad Nos pervenit libellus gallica lingua exaratus, ac Parisiensibus typis editus, et inscriptus « *Sur la situation pré-sente de l'Église gallicane relativement au droit coutumier*, » cujus auctor iis plane adversatur, quæ Nobis tantopere commen-damus, atque inculcamus. Quem libellum Nostræ Indicis Con-gregationi reprobandum, et damnandum commisimus. Ante-quam vero scribendi finem faciamus, Dilecti Filii Nostri, ac Venerabiles Fratres, Vobis denuo significamus, optatissimum Nobis esse, ut omnis quæstio, et controversia a Vobis rejiciatur, quæ, ut scitis, pacem turbat, caritatem lædit, et Ecclesiæ hosti-bus arma ministrat, quibus illam divexent et oppugnent. Igitur Vobis summopere cordi sit pacem habere inter Vos, et pacem sequi cum omnibus, serio considerantes pro Illo Vos legatione fungi, qui non dissensionis, sed pacis Deus est, quique disci-pulis suis pacem tantopere inculcare, imperare, et præcipere nunquam destitit. Et quidem Christus, veluti quisque Vestrum noscit, « dona omnia suæ pollicitationis, et præmia in pacis con-« servatione promisit. Si hæredes Christi sumus, in Christi pace

cette Chaire de Pierre, ne cessez jamais d'appliquer d'un seul cœur et d'un seul esprit tous vos soins, toute votre vigilance, tous vos travaux à ce point surtout, de sorte que les populations fidèles de la France, évitant les erreurs et les piéges que leur tendent des hommes perfides, se fassent gloire d'adhérer fermement et avec constance à ce Siége apostolique par un amour et un dévouement chaque jour plus filial, et de lui obéir, comme il est juste, avec le plus grand respect. Dans toute l'ardeur de votre vigilance épiscopale, ne négligez donc jamais rien, ni en actions, ni en paroles, afin de redoubler de plus en plus l'amour et la vénération des fidèles pour ce Saint-Siége, et afin qu'ils reçoivent et qu'ils accomplissent avec la plus parfaite obéissance tout ce que ce Saint-Siége enseigne, établit et décrète.

Ici Nous ne pouvons Nous empêcher de vous exprimer la douleur profonde dont Nous avons été affecté lorsque, parmi d'autres mauvais écrits dernièrement publiés en France, il Nous est parvenu un Mémoire imprimé en français, et édité à Paris, avec ce titre : « *Sur la situation de l'Église gallicane relativement au droit coutumier*, » dont l'auteur contredit de la manière la plus manifeste ce que Nous vous recommandons et inculquons avec tant de sollicitude. Nous avons adressé ce Mémoire à Notre Congrégation de l'Index, afin qu'elle le réprouve et le condamne.

Avant de terminer cette lettre, Bien-aimés Fils et vénérables Frères, Nous vous exprimons de nouveau combien Nous désirons que vous rejetiez toutes ces discussions et toute ces controverses, qui, vous le savez, troublent la paix, blessent la charité, fournissent aux ennemis de l'Église des armes avec lesquelles ils la tourmentent et la combattent. Ayez donc surtout à cœur de garder la paix entre vous et de la maintenir entre tous, vous rappelant sérieusement que vous remplissez une mission au nom de Celui qui n'est pas un Dieu de dissension, mais un Dieu de paix ; qui n'a jamais cessé de recommander et d'ordonner à ses disciples la paix, et de la mettre au-dessus de tout. Et en vérité le Christ, comme chacun de vous le sait, a mis tous les dons et les récompenses de sa promesse dans la conservation de la paix. Si nous sommes héritiers du Christ, demeurons

« maneamus, si filii Dei sumus, pacifici esse debemus... Pacifi-
« cos esse oportet Dei filios, corde mites, sermone simplices
« affectione concordes, fideliter sibi unanimitatis nexibus cohæ-
« rentes (1). » Ea certe quidem de vestra virtute, religione,
pietate Nobis inest opinio, et fiducia, ut plane non dubitemus,
Dilecti filii Nostri, et Venerabiles Fratres, quin paternis hisce
Nostris monitis, desideriis, postulationibus quam libentissime
obsequentes omnium dissensionum germina radicitus evellere,
ac ita gaudium Nostrum implere velitis, et cum omni patientia
invicem supportantes in caritate, et unanimes collaborantes fidei
Evangelii pergatis alacriori usque studio custodire vigilias noctis
super gregem curæ vestræ commissum, omnesque gravissimi
vestri muneris partes sedulo obire ad consummationem Sanctorum in ædificationem Corporis Christi. Persuasissimum autem
Vobis sit, nihil Nobis gratius, nihil optabilius fore, quam ea
omnia præstare, quæ ad majorem vestram, et istorum fidelium
utilitatem pertinere posse noverimus. Interim in humilitate
cordis Nostri Deum oramus, et obsecramus, ut cœlestium omnium charismatum copiam super Vos propitius semper effundat,
vestrisque pastoralibus curis, et laboribus benedicat, quo fideles
vestræ vigilantiæ commissi magis in dies ambulent digne Deo
per omnia placentes, et in omni opere bono fructificantes. Ac
divini hujus præsidii auspicem et flagrantissimæ illius, qua Vos
in Domino amplectimur, caritatis testem Apostolicam Benedictionem ex intimo corde profectam Vobis, Dilecti Filii Nostri, ac
Venerabiles Fratres, cunctisque istarum Ecclesiarum Clericis,
Laicisque fidelibus peramanter impertimur.

Datum Romæ apud Sanctum Petrum die XXI. Martii anno
MDCCCLIII. Pontificatus Nostri Anno Septimo.

PIUS PP. IX.

(1) S. Cyprian. De Unit. Eccles.

dans la paix du Christ ; si nous sommes enfants de Dieu, nous devons être pacifiques. Les enfants de Dieu doivent être pacifiques, doux de cœur, simples dans leurs paroles, unis d'affection, fidèlement attachés entre eux par les liens de la concorde (1).

La connaissance et l'assurance que Nous avons de votre vertu, de votre religion et de votre piété ne Nous permettent pas de douter que vous, Bien-aimés Fils et Vénérables Frères, vous n'acquiesciez de tout cœur à ces paternels avis, à ces désirs et à ces demandes que Nous vous adressons ; que vous ne veuillez détruire jusqu'à la racine tous les germes de dissension, et combler ainsi notre joie, vous supportant les uns les autres en charité et avec patience, unis et travaillant encore avec accord à la foi de l'Évangile, continuant avec un zèle toujours plus vif à faire sentinelle auprès du troupeau confié à votre sollicitude, accomplissant avec soin toutes les fonctions de votre lourde charge, jusqu'à la consommation des Saints dans l'édification du Corps de Jésus-Christ. Soyez bien persuadés que rien ne Nous est plus agréable ni plus à cœur que de faire tout ce que Nous saurons pouvoir servir à votre avantage et à celui des fidèles. Néanmoins, dans l'humiliation de Notre cœur, Nous prions Dieu et Nous lui demandons de répandre toujours sur vous avec faveur l'abondance des grâces célestes, de bénir votre travail et vos soins de pasteurs, afin que les fidèles confiés à votre vigilance marchent de plus en plus agréables à Dieu en toutes choses, fructifiant chaque jour en toutes sortes de bonnes œuvres. En présage de cette divine protection et en témoignage de l'ardente charité avec laquelle Nous vous embrassons dans le Seigneur, Nous vous donnons avec amour et du fond du cœur la bénédiction apostolique à vous, Nos chers Fils et Vénérables Frères, à tout le clergé et aux fidèles laïques de vos églises.

Donné à Rome, près de Saint-Pierre, le 21 mars, l'an 1853, de notre Pontificat le septième.

PIUS PP. IX.

____

(1) S. Cyprian. De Unit. Eccles.

E CONCILIO PROVINCIÆ REMENSIS

10 JANUARII 1853 IN CIVITATE AMBIANENSI CELEBRATO.

CAPUT V.

*De quibusdam pravis opinionibus jura Sanctæ Sedis
lædentibus.*

Etsi omni tempore necesse sit errores repellere quibus obedientia summo Pontifici debita labefactatur aut imminuitur, peculiares tamen nostris in temporibus, nostrisque regionibus, adsunt rationes cur catholica ista obedientia ita præmuniatur, ut inter omnia discrimina, inter omnes assultus et laqueos, integra atque intacta remaneat.

Inter quas rationes peculiariter annumeramus librum, sine nomine auctoris typis mandatum, cui titulus : *Sur la situation présente de l'Église gallicane relativement au droit coutumier,* qui non solum ad Episcopos, sed etiam ad seminariorum superiores missus, et a pluribus jam ecclesiasticis perlectus est. Quidquid sit de illusionibus, quibus conscientia auctoris verum sui operis caracterem sibi ipsi occultare potuit, manifestum est hunc librum ad hoc spectare ut potestatis Pontificiæ exercitium restringatur. Tradit enim aut insinuat :

I. Non solius Papæ judicio solvendam esse quæstionem de conciliandis inter se jure reservationum quod summo Pontifici competit, et jure proprio Episcopi ad ordinariam suæ diœcesis gubernationem ; et introducendum esse jus consuetudinarium, tanquam regulam juxta quam hæc lis dirimenda est,

EXTRAIT DU CONCILE DE LA PROVINCE DE REIMS,

TENU A AMIENS, LE 10 JANVIER 1853.

—

CHAPITRE V.

De quelques opinions perverses attentatoires aux droits du Saint-Siége.

Il est toujours nécessaire de repousser les erreurs qui ébranlent ou qui diminuent l'obéissance due au Souverain Pontife ; mais, dans le temps présent et dans notre pays, des raisons toutes particulières imposent l'obligation de mettre cette obéissance catholique tellement à l'abri, qu'au milieu de toutes les attaques, de toutes les embûches, elle soit préservée et demeure entière et intacte.

Parmi ces raisons particulières, nous comprenons spécialement un écrit imprimé sans nom d'auteur et intitulé : *Sur la situation présente de l'Eglise gallicane relativement au droit coutumier ;* on l'a envoyé non-seulement aux Évêques, mais encore aux supérieurs des séminaires, et grand nombre d'ecclésiastiques l'ont déjà lu. Quoi qu'il en soit des illusions au moyen desquelles la conscience de l'auteur a pu se déguiser à elle-même le véritable caractère de son œuvre, ce livre a manifestement pour but de restreindre, d'entraver l'exercice de la puissance pontificale. Il enseigne, en effet, ou il insinue ce qui suit :

I. Ce n'est point par le jugement du Pape seul que doit être résolue la question, lorsqu'il s'agit de concilier le droit des réserves, qui appartient au Souverain Pontife, avec le droit propre de l'Évêque au gouvernement ordinaire de son diocèse. Il faut alors faire intervenir le droit coutumier, comme une règle d'après laquelle le différend doit être décidé.

3

II. Non improbabilem esse opinionem secundum quam Papæ urgenti abolitionem consuetudinis juri communi contrariæ, in aliquibus diœcesibus existentis, Episcopi possunt legitimam oppositionem facere, saltem donec rationes necessitatis recognitæ fuerint;

III. In regione ubi arcta fuit Ecclesiam inter et Statum politicum colligatio, rationabilem fuisse consuetudinem qua Constitutiones Apostolicæ, ad Ecclesiæ disciplinam spectantes, tanquam obligatoriæ non reputabantur, quin prius in diœcesibus promulgatæ fuissent prævio potestatis civilis placito;

IV. In præsenti Episcopos Galliarum posse legitime, vi consuetudinis, nullas constitutiones apostolicas disciplinam respicientes, si excipiantur casus extraordinarii, agnoscere tanquam pro se obligatorias, quæ antea non promulgatæ fuerunt in Galliæ diœcesibus;

V. Episcopum in præsenti quæstionis statu, legitime posse apud nos, vi principiorum juris de consuetudinibus, excludere a sua diœcesi, non modo tantum provisorio, sed absoluto, liturgiam romanam;

VI. In haud paucis suis decisionibus recentibus, Congregationes Romanas, a summis Pontificibus pro generali Ecclesiæ administratione institutas, sequi viam bono Ecclesiarum Galliæ nocivam;

VII. Necessitatem recurrendi ad Romam, juxta decisionem Congregationis Concilii, pro casu in quo aliquis sacerdos feriretur suspensione *ex informata conscientia*, sibi videri plagam auctoritati metropolitanæ inflictam;

VIII. Nullam apparere rationem prætentionis qua Congregatio Romana Concilii, sub prætextu supplendi omissiones, sibi arrogavit jus introducendi additiones in acta Conciliorum provincialium;

II. Soutenir que lorsque le Pape presse dans certains diocèses, où elle est encore en vigueur, l'abolition d'une coutume contraire au droit commun, les Évêques peuvent légitimement s'opposer à ce changement, aussi longtemps du moins que n'a pas été reconnue la nécessité qui le motive, est une opinion qui ne manque point de probabilité.

III. Dans les contrées où un lien avait été formé entre l'Église et l'État, ce fut une coutume raisonnable de ne considérer comme obligatoires les constitutions apostoliques relatives à la discipline de l'Église, que lorsqu'elles avaient été préalablement promulguées dans chaque diocèse, en vertu du *placet* du pouvoir civil.

IV. Aujourd'hui les Évêques français peuvent légitimement, en vertu de la coutume, et sauf les cas extraordinaires, ne pas reconnaître comme obligatoires pour eux les constitutions apostoliques relatives à la discipline qui n'ont pas encore été promulguées dans les diocèses de France.

V. Chez nous, dans l'état actuel de la question, un évêque peut légitimement, en vertu des principes du droit coutumier, exclure de son diocèse, non pas seulement d'une manière provisoire, mais absolument, la liturgie romaine.

VI. Dans un assez grand nombre de leurs décisions récentes, les congrégations romaines, instituées par les Souverains Pontifes pour l'administration générale de l'Église, suivent une voie nuisible au bien des églises de France.

VII. La nécessité de recourir à Rome, conformément à la décision de la Congrégation du Concile, dans le cas où un prêtre est frappé de suspense, *ex informata conscientia*, paraît blesser l'autorité métropolitaine.

VIII. On ne voit aucune raison à la prétention en vertu de laquelle la Congrégation romaine du Concile, sous prétexte de suppléer des omissions, s'est arrogé le droit d'introduire des additions dans les actes des conciles provinciaux.

IX. Impulsionem, quæ ad amplectandam liturgiam romanam inducit, haud probandam esse.

Et plura alia quæ cum his assertionibus connectuntur.

Prædictas assertiones et opiniones, alias tanquam sanæ doctrinæ contrarias, alias tanquam saltem menti Ecclesiæ adversas, Sanctæ Sedi Apostolicæ et, sub aliquo respectu, Episcopis injuriosas, summopere improbandas ducimus, et improbamus.

Insuper, etsi Conciliorum provincialium continuationem a se exoptari innuat, nihilominus suggerit aliam viam ab Episcopis sequendam, ita ut collectionem ecclesiarum Galliæ, quæ nullum peculiare auctoritatis et jurisdictionis centrum habent, exhibeat tanquam corpus quod deliberare, agere, decernere possit. Introducit itaque principium regiminis ecclesiastici perturbativum, et periculis gravidum cum in futurum exurgere possint circumstantiæ, prout præteriti temporis experientia docet, in quibus schismaticis tentaminibus plurimum faveret. Perspicuum est hoc placitum extra viam rectam aberrare. Equidem Ecclesiæ mos est, imo et præceptum, Episcopos plurimis de rebus decernere communi consilio et actu, quando id suarum diœceseon utilitas postulaverit. Sed Ecclesia, quæ est acies bene ordinata, et in qua omnia ex ordine fiunt, non voluit has communes sanctiones concertatione arbitraria, absque regulis, et sine summi Pontificis interventu, confici. Sapientissimo enim ordine constitutum est, primo ut Episcopi uniuscujusque provinciæ ad Concilium rite celebrandum, vocante Metropolitano, in unum conveniant; deinde ut omnium Conciliorum provincialium decretis, priusquam publicentur, Sanctæ Sedis judicio submissis, Episcoporum actio, in Capite Ecclesiæ ad unitatem redacta, vere communis efficiatur. Cum ergo Episcopis incumbit officium declarandi aut statuendi, communi sanctione, regulas circa doc-

IX. Le mouvement qui porte à embrasser la liturgie romaine ne doit nullement être approuvé.

A ces assertions se rattachent divers autres points enseignés ou insinués dans le livre en question.

Nous tenons pour souverainement dignes de réprobation les affirmations et opinions susdites, et Nous les condamnons, soit comme contraires à la saine doctrine, soit du moins comme opposées à l'esprit de l'Église, comme injurieuses pour le Saint-Siége apostolique, et, sous certains rapports, pour les Évêques.

De plus, tout en donnant à entendre qu'il désire la continuation des Conciles provinciaux, l'auteur du *Mémoire* a soin de suggérer que les Églises ont une autre voie à suivre, et il représente la collection des Églises de France, qui n'ont aucun centre particulier d'autorité et de juridiction, comme un corps qui peut délibérer, agir, rendre des décisions. Par là, il introduit un principe subversif du gouvernement ecclésiastique et plein de périls ; car, l'expérience des temps passés l'atteste, des circonstances peuvent venir, où un tel principe favoriserait singulièrement des tentatives schismatiques. Il est d'ailleurs évident que cette prétention égare et jette en dehors du droit chemin. C'est bien l'usage de l'Église, c'est même l'une de ses prescriptions, que sur un grand nombre de points, les Évêques délibèrent par conseils et par actes communs, lorsque le bien de leurs diocèses le demande ; mais l'Église, qui est une armée dont rien ne trouble la bonne ordonnance et où tout se fait avec ordre, n'a pas voulu que ces résolutions communes fussent prises en vertu d'un concert arbitraire, en dehors de toutes règles et sans l'intervention du Souverain Pontife. C'est, en effet, l'ordre établi avec une grande sagesse : d'abord que les Évêques de chaque province, convoqués par le métropolitain, se réunissent pour tenir un Concile en forme ; ensuite que les décrets de tous les Conciles provinciaux soient, avant leur publication, soumis au jugement du Saint-Siége, afin que l'action des Évêques, ramenée à l'unité dans le chef de l'Église, devienne véritablement commune. Lors donc que les Évêques se trouvent

trinam, mores et res ecclesiasticas, Synodi provinciales sunt via bona, Ecclesiæ praxi consentanea, canonibus præscripta, Sanctæ Sedi Apostolicæ probata, quam solam, nisi adsint obstacula, et extraordinariæ necessitates urgeant, et tunc quidem cum intentione submittendi quamprimum res actas summo Pontifici, a nobis tenendam esse profitemur.

Indigitavimus hujus libri summam. Jam vero si quæratur unde profluat spiritus ille quem in eo reprobavimus, quique totum ipsum quasi inficit, rem penitus scrutantibus nobis apparet situm esse hunc fontem in duabus opinionibus, quarum prior negat auctoritatem summi Pontificis supremam esse pro gubernanda Ecclesia potestatem, et declarat aliam esse potestatem quæ ipsi superior sit; posterior vero qua affirmatur solemnia summi Pontificis judicia in causis fidei ex Cathedra prolata de se reformabilia esse, eorumque irreformabilitatem ab aliqua extrinseca sanctione pendere. Ex quo enim Vicarii Christi auctoritas qualis est non agnoscitur, facile intelligitur qua ratione multipliciter in ipsam peccari possit. Quapropter duas istas opiniones in ecclesiis, seminariis et scholis nostrarum diœceseon doceri, omnino prohibemus.

obligés de déclarer ou d'établir, en les revêtant d'une sanction commune, des règles touchant la doctrine, les mœurs et les choses ecclésiastiques, les Conciles provinciaux sont la bonne voie, la voie conforme à la pratique de l'Église, la voie que tracent les canons et qu'approuve le Saint-Siége apostolique. A moins d'obstacles et de nécessités extraordinaires et pressantes, dans lesquelles même on ne doit agir qu'avec l'intention de soumettre le plus tôt possible au Souverain Pontife tout ce qui aura été fait, nous reconnaissons hautement que cette voie est la seule que nous devions suivre.

Nous avons indiqué sommairement ce que contient le livre en question. Mais si l'on recherche d'où émane l'esprit que nous avons réprouvé dans cet écrit, et dont il est pour ainsi dire tout infecté, un examen approfondi et scrupuleux nous fait remonter à deux opinions d'où il sort comme l'eau de la source. La première de ces opinions nie que l'autorité du Souverain Pontife soit pour le gouvernement de l'Église la puissance suprême, et proclame l'existence d'une autre puissance qui serait supérieure à cette autorité. La seconde affirme que les jugements solennels du Souverain Pontife, rendus *ex cathedra,* en matière de foi, ne sont pas irréformables par eux-mêmes, et qu'ils ne deviennent tels qu'en vertu de certaine sanction qui leur est extrinsèque. Il est, en effet, aisé de comprendre comment on peut pécher d'une infinité de manières contre l'autorité du Vicaire du Christ, dès qu'on cesse de reconnaître cette autorité pour ce qu'elle est réellement. C'est pourquoi nous défendons absolument d'enseigner les deux opinions susdites dans les églises, les séminaires et les écoles de nos diocèses.

LETTRE CIRCULAIRE

DE MONSEIGNEUR L'ÉVÊQUE DE MONTAUBAN

A M. LE SUPÉRIEUR

ET A MM. LES PROFESSEURS ET DIRECTEURS DE SON SÉMINAIRE,
AINSI QU'A TOUS LES MEMBRES DE SON CLERGÉ

PORTANT CONDAMNATION

D'UN MÉMOIRE ANONYME SUR LE DROIT COUTUMIER

Adressé clandestinement à tous les Évêques et à tous les Séminaires de France,

Et défense d'en enseigner ou d'en insinuer d'une manière quelconque
les doctrines aux jeunes lévites de son diocèse.

Monsieur le Supérieur,

Messieurs et très-chers Coopérateurs,

J'apprends qu'un certain *Mémoire anonyme* et soi-disant *confidentiel* sur les coutumes des Églises de France, dans leur rapport avec l'autorité du Saint-Siége, envoyé d'abord aux seuls Évêques, mais adressé plus tard clandestinement à tous les séminaires, vient d'être mis en vente publiquement depuis quelques jours. Comme je connaissais parfaitement ce que vous pensez des doctrines téméraires qui y sont enseignées, et comme je savais par expérience le respect profond que vous avez pour l'autorité et pour la volonté de votre Évêque, je n'avais pas voulu faire sortir cette brochure insidieuse de l'ombre dans laquelle ses auteurs tenaient à la conserver. Mais puisqu'ils n'ont pas craint de la mettre maintenant en lumière, à la faveur de circonstances que sans doute ils ont ménagées de loin, c'est un devoir de notre charge de vous faire connaître ce que nous en pensons, et de réprouver, de condamner tout ensemble tant le caractère particulier de cet écrit que l'attentat qui a été commis contre notre autorité et notre juridiction par ceux qui, clandestinement et furtivement, ont essayé de l'introduire dans notre séminaire, au risque d'exciter et les professeurs et les élèves à la défiance, à l'insubordination, à la révolte même contre celui qui, par le droit général et surtout par le droit coutumier en France, a seul juridiction pleine et entière sur ses séminaires, à l'exclusion de tous autres que le Souverain Pontife.

Considérant donc que le susdit *Mémoire* exprime ouvertement la critique et le blâme :

1° De certains actes émanés du Saint-Siége, qui, dans la personne du Souverain Pontife, a reçu de Jésus-Christ *une pleine et entière puissance pour enseigner et pour gouverner l'Église universelle;*

2° De l'acte par lequel tous les conciles provinciaux tenus en France dans ces dernières années et tous les Évêques ont soumis leurs décrets à la révision de la congrégation dite du Concile de Trente, conformément à la constitution de Sixte V; et encore de celui par lequel ils en ont accepté et adopté sans réclamation toutes les corrections;

Considérant en second lieu :

Que les auteurs du *Mémoire* sont de simples ecclésiastiques, comme ils l'affirment eux-mêmes, sans titre et sans mission pour décider de la préférence qui doit être donnée à tels sentiments plutôt qu'à tels autres, en ce qui regarde d'une part la conduite propre de chaque Évêque, et d'autre part, l'instruction des élèves du sanctuaire dans chaque diocèse; et que ce défaut de titre, de mission, existerait encore lors même que lesdits auteurs ne seraient pas seulement de simples ecclésiastiques, puisqu'il n'y a pas de matière où les Évêques soient plus indépendants les uns des autres que celle de l'enseignement dans leurs séminaires respectifs ;

Qu'en adressant ce *Mémoire* à MM. les directeurs et professeurs des séminaires, les auteurs de l'envoi comme ceux du *Mémoire* lui-même ont voulu introduire dans ces maisons des principes qu'ils savaient bien être repoussés par plusieurs, au risque d'inspirer la défiance et même la révolte contre l'Ordinaire ;

Qu'il n'appartient à personne, et moins qu'à d'autres à de simples prêtres inconnus, se cachant sous le voile de l'anonyme, et suspects par là même, de s'interposer furtivement entre l'Évêque et son séminaire, au risque d'affaiblir le respect, la soumission, la confiance dont l'Évêque a besoin et auxquels il a droit ;

Que ce *Mémoire*, enseignant d'un bout à l'autre que le Souverain Pontife peut abuser de son pouvoir, et par suite, quand, comment et pourquoi on peut légitimement lui désobéir et lui résister, il enseigne par là même que l'Évêque aussi peut abuser du sien, et par suite, quand, pourquoi et comment les prêtres de son diocèse peuvent lui résister et lui désobéir sans manquer à leur conscience et à leurs promesses sacerdotales ;

Et qu'il y a là dedans un germe pervers de presbytérianisme, d'usurpation de pouvoir et de provocation à l'insubordination, à la méfiance, même à une désobéissance ouverte, suivant les cas ;

Considérant enfin que le *Mémoire* susdit a été combattu et réfuté, sur ce qu'il a de plus dangereux et de plus téméraire, par un éminent cardinal, dont l'autorité est si grande dans ces matières ;

Par ces motifs, en vertu de la juridiction que les canons nous attribuent, exclusivement à tous autres que le Souverain Pontife, en ce qui regarde la direction de notre séminaire et l'enseignement des membres de notre clergé, à tous les degrés,

Nous condamnons et réprouvons, pour notre diocèse, ledit *Mémoire anonyme et prétendu confidentiel,*

Comme injurieux au Souverain Pontife, dont il a la prétention de fixer et de restreindre les droits, et qu'il signale ouvertement tant au clergé qu'aux fidèles, comme abusant de son pouvoir, au moins en France;

Comme injurieux aux Conciles provinciaux tenus dans ces derniers temps et aux Évêques qui ont tenu ces conciles, et qui ont montré, tous sans exception, le respect, la soumission la plus entière, tant aux constitutions apostoliques qu'aux avis et aux indications pleines de sagesse et d'à-propos émanés de la Congrégation romaine du Concile de Trente;

Comme propre à semer dans les séminaires des sentiments de défiance et d'insubordination à l'égard de l'Ordinaire, et impliquant par ce fait, comme par le fait de l'avoir glissé furtivement dans ces établissements d'ordre, de subordination et de paix, les germes dangereux du presbytérianisme, de l'indépendance des prêtres à l'égard de leurs Évêques respectifs.

Ordonnons en conséquence à MM. les supérieurs, professeurs et directeurs de notre séminaire, de reléguer cet ouvrage clandestin parmi les ouvrages suspects et dangereux de la bibliothèque de l'établissement, voulant que M. le supérieur seul ait la faculté de le lire et d'en permettre la lecture à ses collègues; et quant à ceux des membres de notre clergé qui pourraient l'avoir en leur possession, nous leur ordonnons de nous le remettre sans délai, pour en faire nous-même telle justice qu'il conviendra.

Donné en notre palais épiscopal, à Montauban, ce 4 mars 1853.

✠ J. MARIE, *Évêque de Montauban.*

REFUTATION DE QUELQUES OBJECTIONS DES GALLICANS

CONTRE LES ÉCRIVAINS ROMAINS

Par Mgr DE MONTAUBAN.

*A monsieur le rédacteur en chef de l'*Univers.

Montauban, le 3 avril 1853.

Quoi qu'il en soit du passé, Monsieur, il me semble que vous avez désormais pour l'avenir une règle de conduite assez clairement tracée et suffisamment autorisée pour satisfaire à tous les scrupules. La lettre si remarquable et si sagement conçue de Monseigneur Fioramonti ne vous confère sans doute ni l'infaillibilité ni l'impeccabilité ; mais, en suivant fidèlement les conseils qu'elle renferme, vous éviterez facilement l'apparence même des choses qui ont alarmé des personnes respectables, et vous pouvez rendre à la religion, en combattant la mauvaise presse, des services d'autant plus nécessaires, que l'*Univers* est le seul journal qui puisse sérieusement remplir cette importante mission. Je dis qu'il est le seul, parce qu'un journal qui n'aurait pas une périodicité quotidienne et qui ne s'adresserait qu'à un nombre trop restreint de lecteurs, ou encore à des lecteurs d'un caractère tout particulier, serait loin de suffire à ce besoin. On peut même dire, en un sens, que des rédacteurs laïques sont plus propres que des ecclésiastiques à soutenir une polémique de ce genre, les fautes et les erreurs accidentelles qui en sont inséparables étant plus excusables et ayant moins d'importance aux yeux du public, si ce sont de simples laïques qui les commettent.

Si j'ai bien compris le sens et la portée des règles qu'on

vous a tracées, des conseils qu'on vous a donnés, des vœux même qu'on vous a exprimés, on désire que, parmi certaines opinions qui sont libres et sur lesquelles l'Église ne s'est pas prononcée par des décisions formelles, vous adoptiez de préférence celles qui sont le plus en harmonie avec la position que le Souverain Pontife occupe dans l'Église, et avec le respect qui est dû par tous les chrétiens à sa haute autorité. On approuve par là même que vous combattiez les opinions contraires, dont les partisans peuvent à leur tour librement combattre les vôtres ; mais on vous impose une condition, c'est de vous souvenir que ces opinions sont libres, et, par suite, de ne rien dire contre vos adversaires, pour le seul fait de leur opinion propre, qui puisse être pris pour ce que Monseigneur Fioramonti appelle : *labecula nomini præcellentium virorum aspersa.* Tout cela, ce me semble, est facile à exécuter sans courir aucun risque de blesser la *réputation* de gens qui assurent vouloir la même chose et tendre au même but, quoique ce soit par des voies différentes.

Vous ne devez pas, sans doute, vous ériger en théologiens, ni faire des dissertations *ex professo* en faveur des sentiments que vous avez le droit de préférer. L'armure pesante des in-folio ne va pas à une polémique quotidienne, surtout entre les mains d'écrivains laïques. Mais vous pouvez parfaitement admettre de temps en temps, dans vos colonnes, des articles graves et sérieux, rédigés par des hommes compétents, dont l'autorité vaudra celle de vos contradicteurs, puisqu'ils auront pu, comme eux, mettre à contribution les volumineux ouvrages des théologiens de tout rang et de toute autorité, et s'étayer à leur tour des témoignages favorables qu'il leur aura été facile d'y trouver.

On ne peut toutefois se dissimuler qu'en suivant la marche qu'on vous a tracée, vous vous trouvez en présence d'une objection qui fait toute la force de quelques-uns de vos adversaires, mais qui, par cela même, doit être réfutée franchement et avec vigueur. Ils disent : « En entendant et en prétendant appliquer en France les prérogatives et l'autorité du Saint-Siége comme on les entend à Rome, comme le Souverain Pontife et la cour de Rome les entendent et veulent les appliquer, on *compromet le Pape et le Saint-Siége* lui-même, on *affaiblit l'autorité des Évêques*, on *ruine la Religion*, on *perd les âmes.* »

Si tout cela était vrai, ou seulement s'il était vraisemblable, on comprendrait sans doute la douleur amère dont ils sont pénétrés ; on comprendrait pourquoi ils se résignent, quoique à regret, à soutenir des sentiments qu'ils savent être *désagréables à Rome* ; on comprendrait pourquoi ils essayent de faire partager leur frayeur aux Évêques, aux grands vicaires, aux chefs des séminaires, aux maîtres chargés de former les élèves du sanctuaire. Mais ce qu'on ne comprendrait pas, c'est d'abord qu'ils aient la précaution de ne pas se faire connaître au public, lequel, par suite de cette précaution même, est en droit, jusqu'à plus ample informé, de les prendre pour des esprits faux, chagrins ou turbulents, pour des gens oisifs qui, ne sachant que faire des loisirs que leur ont faits peut-être leurs Évêques, cherchent à attirer sur eux l'attention, tout prêts à se montrer si leurs idées paraissaient obtenir quelque succès dans l'opinion. Ce qu'on ne comprendrait pas, c'est que les Évêques de France n'aperçussent pas ces graves dangers, qu'ils ne partageassent point ces frayeurs, ou, s'ils les partagent, qu'ils se crussent dispensés de les faire connaître au Souverain Pontife, qui en serait lui-même la cause. Mais ce qu'on comprendrait beaucoup moins encore, c'est que le Saint-Siége, le Souverain Pontife, la Cour de Rome fussent capables d'entreprendre et de poursuivre persévéramment une œuvre dont le résultat naturel, nécessaire, serait l'*affaiblissement de l'autorité épiscopale*, la *ruine de la Religion*, la *perte des âmes* en France. Ne serait-il pas plus sage de reconnaître que Rome peut ne pas comprendre ces graves intérêts de la même manière que ces Jérémies anonymes ? Il resterait, j'en conviens, à décider qui les entend le mieux, d'eux ou du Saint-Siége ; mais ce serait déjà un grand pas de fait vers une solution que d'avoir posé la question dans ces termes.

J'appelle toute l'attention des lecteurs sur cette dernière considération que je viens d'indiquer, et je les prie d'examiner froidement, je ne dis pas quelle convenance et quel degré de modestie, mais quelle probabilité de vérité il y a dans cette affirmation de deux ou trois hommes inconnus : *que la ligne de conduite volontairement adoptée par le Souverain Pontife, et suivie avec persévérance depuis plusieurs années déjà par lui et par les hauts personnages investis de sa confiance, tend directement et aboutira infailliblement à la ruine de la Religion et à la perte des âmes de France.* Pour moi, il me semble qu'émettre une pareille affirmation, c'est passablement compromettre le Pape, le Saint-Siége, l'Église tout entière, non-seulement dans l'esprit des incrédules, mais encore dans l'esprit des fidèles les plus pieux et les plus éclairés ; car, s'il est permis de supposer que celui qui est le *Père des pères*, l'*Évêque des évêques*, qui a reçu de Dieu *une pleine puissance pour paître les agneaux et les brebis*, adopte et suit par système une ligne de conduite qui mène à ce résultat, j'ai peine à trouver par quels moyens canoniques on pourra le ramener dans les voies de la vérité et du bien.

Je pourrais en demeurer là ; car la pensée dont il s'agit, réduite ainsi à son expression la plus simple et la plus claire, a une odeur si forte d'irréflexion, de préoccupation ou d'esprit schismatique, qu'elle est suffisamment réfutée pour quiconque a le sentiment chrétien, et s'il reste quelque chose à craindre, c'est qu'elle ne paraisse trop révoltante au plus grand nombre.

Mais il est à propos de remarquer encore que cette accusation étrange s'applique aussi aux Évêques. On les a accusés d'abord en masse d'avoir fait ce qu'ils ne devaient pas faire, en témoignant au Saint-Siége et au Vicaire de Jésus-Christ plus de déférence et de respect que la *coutume* n'en autorise, et d'avoir par là favorisé puissamment les exagérations funestes qu'on déplore. Plus tard et très-récemment, on les a accusés *de ne pas oser* exprimer ce qu'ils pensent, de n'avoir pas le courage de faire une opposition respectueuse sans doute, mais ferme, à des empiétements persévérants, qui amoindrissent leur autorité et qui finiraient par enlever à la fille aînée de l'Église et du Saint-Siége ce caractère de sage indépendance qui lui a permis d'élever la Religion en France à un si haut degré de gloire, et surtout de résister avec tant de courage et de succès aux empiétements parlementaires et autres.

Que faut-il penser de deux ou trois *simples ecclésiastiques*, qui, poussés et rassurés par le cri de leur conscience, disent-ils, *osent* formuler de telles accusations et les communiquer, non pas aux *accusés* seuls, qui sont les Évêques et le Souverain Pontife, mais encore aux prêtres qui sont placés le plus près des Évêques et qui sont leurs conseillers naturels ou officiels? Y a-t-il erreur à voir là une tentative bien marquée de pression et de réforme de *bas en haut*?

Il faut cependant, pour ôter tout à fait à qui elle pourrait naître encore la tentation de revenir plus tard sur l'objection dont il s'agit, l'analyser avec quelque détail. Je le répète ici sous la forme la plus modérée et la plus voilée qu'on lui ait donnée. On dit : « Les défenseurs *exagérés* des droits du Saint-Siége et du Souverain Pontife *compromettent* gravement et le Souverain Pontife et le Saint-Siége lui-même. Sur quoi je demande :

Qu'est-ce qu'un *défenseur exagéré* du Saint-Siége et du Souverain Pontife?

Qu'est-ce que les *compromettre* l'un et l'autre ?

Aux yeux et dans l'esprit de qui les compromet-on ?

Et, par surcroît, comment se fait-il que, généralement, tous les ennemis de la religion, de l'Église, du Saint-Siége, du Souverain Pontife, affichent toujours la prétention de ne jamais attaquer que les abus, c'est-à-dire ce qui *compromet* et ce qui empêche le respect et la vénération dont ils seraient tout prêts à donner les preuves les plus sincères et les plus éclatants témoignages?

Qu'est-ce qu'un défenseur *exagéré* du Saint-Siége et du Souverain Pontife? c'est évidemment celui qui leur attribue au delà de ce qu'ils peuvent légitimement faire en France, au détriment du pouvoir des Ordinaires. Mais le défenseur du pouvoir des Ordinaires sera lui-même *exagéré*, s'il veut l'étendre au delà de ses limites vraies et canoniques. Pour avoir le droit de taxer quelqu'un d'exagération en cette matière, il faut donc avant tout connaître bien certainement et les limites du pouvoir pontifical considéré dans son exercice, et celles du pouvoir essentiellement inhérent à la juridiction épiscopale diocésaine. Qui donc les déterminera avec assez d'autorité, d'une manière assez authentique pour que l'exagération devienne visible au premier regard? Dans la pensée des personnes que j'ai en vue, ce ne sera pas le Souverain Pontife, puisque c'est lui-même, sa Cour et ses conseillers qu'on accuse d'exagération. Ce ne seront pas non plus les Évêques pris collectivement, soit parce qu'ils n'ont aucun moyen canonique de prendre là-dessus une détermination commune, soit parce qu'une détermination de ce genre, fût-elle unanime, étant contestée et repoussée par le Saint-Siége, manquerait par là même d'une condition essentielle dont elle aurait besoin pour constituer un titre certain, une règle de conduite suffisamment autorisée et capable de rassurer toutes les consciences, soit encore parce qu'il ne saurait appartenir à un corps particulier de quelques inférieurs de fixer l'étendue et les limites du pouvoir suprême dont ils dépendent. Sera-ce chaque Évêque, pour son compte propre, et sous la seule responsabilité de sa conscience personnelle? Mais le prétendre, ce serait le particularisme, le désordre, l'anarchie, la révolte érigés en principe. Dira-t-on que ce sont les *coutumes?* à la bonne heure ; les coutumes légitimement établies sont considérées par tout le monde, y compris le Saint-Siége, comme des titres suffisamment autorisés d'après lesquels on peut agir en toute sûreté de conscience. Mais la question n'est pas là, puisque sur ce point tout le monde est d'accord. Il s'agit seulement de savoir quelles sont nos coutumes certainement légitimes, et plus particulièrement si un certain genre d'actes, tant du Saint-Siége que des Évêques eux-mêmes, sont contraires à des coutumes certainement légitimes. On le voit, ceux qui taxent d'*exagérés* les défenseurs de ces actes prononcent par là même et en même temps sur la légitimité de telles coutumes, pendant que le Saint-Siége prononce le contraire, en agissant comme il le fait. Voilà deux sentiments diamétralement opposés, celui du Souverain Pontife, de ses conseillers et de sa Cour, et celui de trois ou quatre particuliers qui n'ont pas même en leur faveur le suffrage authentique de leurs supérieurs hiérarchiques. Je demande seulement si, la question ainsi posée, le second a tout ce qu'il faut pour donner le droit d'accuser d'*exagération* les défenseurs de l'autre, y compris le Chef suprême de l'Église universelle, qui en est le premier et principal auteur.

Qu'est-ce que compromettre le Saint-Siége et le Souverain Pontife? c'est, si je ne me trompe, exposer le Saint-Siége et le Souverain Pontife à perdre plus ou moins irrévocablement une partie du respect, de la confiance, de la soumission qu'on lui doit légitimement dans toute l'Église. Si donc les actes dont il s'agit, et qu'on déplore si amèrement, compromettent, comme on le dit, le Saint-Siége et le Souverain Pontife, c'est alors le Souverain Pontife qui se compromet lui-même, et avec lui le Saint-Siége ; c'est le Souverain Pontife qui s'expose volontairement, de lui-même ou poussé par d'autres, de propos délibéré et avec réflexion, ou témérairement et aveuglément, à *perdre les âmes* et à *ruiner la religion* dans un grand empire, en exagérant son autorité, en violant les droits de ses subordonnés, en provoquant des résistances et peut-être des réactions dangereuses.

Je demande encore une fois si, supposé que le Souverain Pontife soit capable d'adopter et de suivre pendant de longues années une ligne de conduite qui mène à de pareils résultats, ce n'est pas l'accuser d'être, avec ou sans connaissance, l'ennemi le plus funeste de la religion. De savoir, après cela, comment des hommes revêtus d'un caractère sacré, ayant sans doute quelque instruction et seulement forts de leur conscience, ont pu s'aveugler à ce point sur la portée de leur prétention, et même faire illusion à quelques personnes respectables, c'est ce que je ne veux pas rechercher en ce moment. Mais, enfin,

Dans l'esprit et aux yeux de qui compromettrait-on le Souverain Pontife et le Saint-Siége?

Ce ne peut pas être dans l'esprit des Évêques ; car il n'est pas permis de supposer que les Évêques soient capables d'en venir jamais à refuser au Pape ce qu'ils doivent de respect et d'obéissance à son autorité, pour le punir d'en avoir *exagéré* les droits et l'étendue : le remède serait pire que le mal.

Ce ne peut pas être non plus aux yeux et dans l'esprit des bons chrétiens, des laïques instruits et pieux ; car l'expérience prouve que les chrétiens de ce caractère ne comprennent rien aux arguties d'école qu'on emploie pour ajuster les droits du Pontife suprême avec telles et telles prétentions particulières.

Ils ne comprennent qu'une chose, c'est qu'il faut toujours et partout être d'accord avec lui, fallût-il pour cela lui obéir aveuglément et au delà du droit rigoureux.

Ce sera donc dans l'esprit et aux yeux des incrédules, des hommes irréligieux, de ces hommes qui disent quelquefois : Je serais volontiers chrétien et bon chrétien ; mais il y a quelque chose qui me repousse absolument, c'est la trop grande autorité que les ultramontains attribuent au chef de l'Église. Je conçois qu'il y ait un chef qui *règne* pour entretenir l'unité dans le corps de l'Église, mais ma raison se refuse à admettre qu'il *gouverne*. Chaque Évêque doit suffire dans son diocèse à tous les besoins des fidèles soumis à sa juridiction. L'objection consiste donc ici à dire que les *exagérations* de certains défenseurs des droits du Saint-Siége forment un obstacle invincible à la conversion d'un nombre plus ou moins grand de pécheurs et d'incrédules. Et, en effet, ceux qui la font insinuent qu'ils en ont trouvé au moins un qui était tout prêt à se confesser, si l'on faisait enfin justice de ces exagérations. Peut-on douter après cela que les conversions ne se fissent en masse, une fois qu'on aurait réduit l'autorité pontificale à sa juste mesure? On s'était aperçu, il y a plus d'un siècle et demi, que les mêmes exagérations empêchaient les protestants de rentrer dans le sein de l'Église : on n'hésita pas à les retrancher, et l'expérience justifia, comme chacun sait, les espérances qu'on semblait avoir conçues. Pour moi, je suis bien assuré que le résultat serait le même dans le cas présent, et il faut une dose puissante d'illusion pour se persuader de bonne foi qu'il pût en être autrement.

Quoi qu'il en soit, le procédé à employer pour faciliter, sinon pour assurer la conversion des ennemis de la religion, consisterait à leur faire, d'un côté, un Pape aussi amoindri que possible, et, de l'autre, des Évêques qui seraient, autant que possible, des papes au petit pied, chacun dans son diocèse. Malheureusement l'opération n'est pas facile à exécuter, et l'on ne sait trop qui pourrait construire le moule exact, ni trop grand, ni trop petit, où l'on devrait fondre et couler un Pape et des Évêques à l'usage spécial des incrédules et des impies ; car jusqu'ici la *coutume* n'a pu en venir à bout.

On voit combien il faut être irréfléchi et téméraire pour attaquer et combattre de cette sorte ce qu'on appelle des *exagérations*. Au moins aurait-on dû se souvenir que les ennemis de la religion n'ont généralement pas d'autre tactique, et que c'est le procédé familier de tous les hérétiques. Cette seule considération aurait suffi à des hommes bien intentionnés pour soupçonner qu'il est peu sincère, qu'il cache une perfidie des plus dangereuses, et qu'il leur convenait peu à eux-mêmes d'y recourir pour donner du poids à leur sentiment. Je crois avoir prouvé que leurs frayeurs sont plus qu'exagérées, et je conclus en disant : Il n'est pas permis de prétendre, d'affirmer, de soutenir que la ligne de conduite qui a été tracée à votre *journal* avec tant de sagesse et de modération compromette ni le Souverain Pontife, ni le Saint-Siége, ni l'autorité des Évêques, ni le salut des âmes, ni la conversion des pécheurs, ni enfin la conservation de la religion en France.

† J. M., *Évêque de Montauban.*

OUVRAGES

CONDAMNÉS ET DÉFENDUS PAR LA S. CONGRÉGATION DE L'INDEX PENDANT

L'ANNÉE 1852 ET LE 26 AVRIL 1853.

Décret du 22 janvier 1852.

Sue (Eugène). Opera omnia, quocumque idiomate exarata. *Decr.* 22 *januarii* 1852.

Proudhon (P.-J.). Opera omnia, quocumque idiomate exarata. *Decr.* 22 *januarii* 1852.

Histoire des idées sociales, par F. Villegardelle, *Decr.* 22 *januarii* 1852.

Le Dernier mot du Socialisme, par un catholique. *Decr.* 22 *januarii* 1852.

Histoire de l'Église de France, composée sur les documents originaux et authentiques ; par l'abbé Guettée. *Decr.* 22 *januarii* 1852.

La Buona Novella, giornale religioso. Torino 1851. Anno I. *Decr.* 22 *januarii* 1852.

Il Magnetismo animale. Saggio scientifico per M. Tommasi. Torino 1851. *Decr. S. Officii Feria IV,* 26 *novembris* 1851.

Opera omnia Vincentii Gioberti, quocumque idiomate exarata. *Decr. S. Officii Feria IV,* 14 *januarii* 1852.

Manuale Compendium juris Canonici, ad usum Seminariorum, juxta temporum circumstantias accomodatum. Auctore J.-F.-M. Lequeux, etc., etc. *Prohib. Decr. diei* 27 *septembris* 1851. *Auctor se subjecit.*

Décret du 20 avril 1852.

Una abiura in Roma nel secondo anno del Pontificato di Pio IX. Epistole tre di Giovanni Torti. *Decr.* 20 *aprilis* 1852.

Del Matrimonio come contratto civile e Sacramento. Studi di Filippo Maineri. *Decr. eod.* 20 *aprilis* 1852.

Roma e il Mondo, di Niccolò Tommasèo. *Decr.* 20 *aprilis* 1852.

Histoire de la prostitution chez tous les peuples du monde, depuis l'antiquité la plus reculée jusqu'à nos jours ; par Pierre Dufour. *Decr.* 20 *aprilis* 1852.

Riflessioni di un Italiano sopra la Chiesa in generale, sopra il clero si regolare che secolare, sopra i Vescovi ed i Pontefici Romani, e sopra i diritti ecclesiastici del Principi, precedute della relazione del regno di Cumba, e da riflessioni sulla medesima. Opera di C.-A. Pilati. « Opus jam proscriptum suppresso Auctoris nomine Decr. S. Officii diei primæ martii 1770, et iterum damnatum. » *Decr.* 20 *aprilis* 1852.

Carta al Papa, y Analisis del Breve de 10 junio, por Francisco de Paula G. Vigil. *Decr. S. Officii Feria IV*, 17 *martii* 1852.

Décret du 1ᵉʳ juillet 1852.

Studi sull' apostolica sicola Legazia del prof. Vincenzo Crisafulli. *Decr.* 1 *julii* 1852.

Storia della Riforma del secolo decimosesto scritta da J.-H. Merle d'Aubigné. *Decr.* 1 *julii* 1852.

Del Papato. Studi storici di Philippo De'Boni. *Decr.* 1 *julii* 1852.

Dictionnaire universel d'histoire et de géographie, contenant : 1° l'Histoire proprement dite ; 2° la Biographie universelle ; 3° la Mythologie ; 4° la Géographie ancienne et moderne ; par

M. N. Bouillet. Paris, 1851. « Cum anteactis editionibus, » *Decr.* 1 *julii* 1852.

Il Gerofilo Siciliano. Giornale di Religione e sacra letteratura. *Decr.* 1 *julii* 1852.

Décret du 7 décembre 1852.

La Filosophia delle Scuole italiane, Lettere al professore G.-M. Bertini , per Ausonio Franchi. 7 *decembris* 1852.

Theologia dogmatica et moralis, ad usum seminariorum, auctore Ludovico Bailly. « Donec corrigatur. » 7 *decembris* 1852.

Philosophie du mariage : histoire de l'homme et de la femme mariés, dans leurs rapports physiques et moraux; par R. Debay. 7 *decembris* 1852.

La Bibbia, Canti di G. Regaldi. 7 *decembris* 1852.

Maria la Spagnuola, Storia contemporanea di Madrid, composta da Venceslao Ryguals de Izco. Prima versione italiana di F. Giuntini. — Le traducteur italien s'est honorablement soumis, et a condamné l'ouvrage.

DECRETUM

Feria III die 26 aprilis 1853.

Sacra Congregatio Eminentissimorum ac Reverendissimorum S. Romanæ Ecclesiæ Cardinalium a Sanctissimo Domino Nostro Pio PP. IX, sanctaque Sede apostolica Indici librorum pravæ doctrinæ, eorumdemque proscriptioni, expurgationi, ac permissioni in universa christiana Republica præpositorum et delegatorum, habita in Palatio apostolico Vaticano, damnavit et damnat, proscripsit proscribitque, vel alias damnata atque proscripta in

Indicem librorum prohibitorum referri mandavit et mandat Opera, quæ sequuntur :

Critica degli Evangeli di A. Bianchi-Giovini. *Opus jam repro-batum damnatumque in Regula II. Indicis, ut alia id genus nefaria et contemnenda hæreticorum scripta, cujusmodi nuper-rimum cui titulus* : Esposto dei principali motivi che mi hanno indotto ad uscire dalla Chiesa Romana, di Trivier, traduzione dal francese. *Decr. 26 aprilis* 1853.

* Sur la situation de l'Église gallicane relativement au droit coutumier. Mémoire adressé à l'Épiscopat. *Decret. eod.*

Instituzione di Dogmatica Teologia : trattato isagogico del Sa-cerdote Antonio Criscuoli. *Decr. eod.*

Compendio de la defensa de la autoridad de los gobiernos contra las pretenciones de la Curia Romana, por Francisco de Paula G. Vigil. Lima 1852. *Decr. S. Off. Feria IV,* 2 *martii* 1853.

Adiciones a la defensa de la autoridad de los gobiernos con-tra las pretenciones de la Curia Romana, por Francisco de Paula G. Vigil. Lima 1852. *Decr. eod.*

Auctor Opusculi : — Adresse au Pape Pie IX sur la néces-sité d'une réforme religieuse, par M. l'abbé C. Thions, *Prohib. Dec. diei* 15 *aprilis* 1848, *Laudabiliter se subjecit.*

---

* La condamnation de ce *Mémoire*, ainsi que celle de la *Théologie de Bailly*, et de plusieurs autres ouvrages qui contiennent les mêmes doctrines, est très-significative. Ce *Mémoire*, rédigé avec habileté, en-seigne, sous des formules respectueuses, un gallicanisme assez modéré. Cette modération n'a pas empêché sa mise à l'index par la sacrée Congrégation. La conclusion rigoureuse est donc que le gallicanisme est une erreur et non pas une opinion libre, comme le prétendent en-core quelques théologiens français : car la sacrée Congrégation de l'In-dex suit rigoureusement cette règle de la bulle *Sollicita* de Benoît XIV, qui recommande aux consulteurs de respecter les opinions de l'école, et de ne condamner que les ouvrages des auteurs qui n'ont pas voulu s'arrêter à cette limite. Le *Mémoire* sur le droit coutumier ne contenait que le gallicanisme pratique, et les auteurs de cet opuscule espéraient bien échapper à une flétrissure.

Itaque nemo cujuscumque gradus et conditionis prædicta Opera damnata atque proscripta, quocumque loco, et quocumque idiomate, aut in posterum edere, aut edita legere, vel retinere audeat, sed locorum Ordinariis, aut hæreticæ pravitatis Inquisitoribus ea tradere teneatur, sub pœnis* in Indice librorum vetitorum indictis.

* La dixième règle de l'*Index*, à laquelle renvoie la sacrée Congrégation, est ainsi conçue :

« Quod si quis libros Hæreticorum, vel cujusvis auctoris scripta, « ob hæresim, vel ob falsi dogmatis suspicionem damnata, atque pro- « hibita legerit, sive habuerit, statim in excommunicationis senten- « tiam incurrat.

« Qui vero libros alio nomine interdictos legerit, aut habuerit, « præter peccati mortalis reatum, quo afficitur, judicio Episcoporum « severe puniatur. »

Concile d'Avignon du 8 octobre 1849, page 55 : « Fideles sæpius « moneant rectores animarum, legibus ecclesiæ gravissimis prohibi- « tum esse ne emantur, legantur, retineantur libri a Sede Apostolica « damnatis. »

Concile d'Alby du 25 juin 1850, page 80 : « Decreta quibus summi « Pontificis in universa Ecclesia, et Episcopi in sua quisque diœcesi, « hujusmodi librorum lectionem, retentionem vel impressionem pro- « hibent, in conscientia obligant etiam Clericos. Nullus ergo prohibitos « libros legere et retinere præsumat, nisi adsit necessitas, et a com- « petente auctoritate obtineatur licentia. »

Concile de Bordeaux du 14 juillet 1850, page 21 : « Pariter libros « a sancta Sede vel ab Ordinario damnatos et vetitos nemo legere « præsumat. »

Concile de Toulouse de 1850, page 66 : « Cæterum quoad libros « vetitos serventur apostolica decreta de impetranda a romano Ponti- « fice licentia eos retinendi ac legendi. »

Concile d'Auch du 17 août 1850, page 38 : « Prohibemus omnes « libros qui contra doctrinam catholicam, vel bonos mores manifeste « scripti dignoscuntur, maxime eos qui a sancta Sede prohibiti fue- « rint. »

S. E. le Cardinal Gousset, dans ses judicieuses observations sur un mémoire adressé à l'Episcopat, ajoute, page 27 : « Quelle qu'ait été « l'ancienne jurisprudence canonique, plus ou moins suivie dans l'E-

Quibus Sanctissimo Domini Nostro PIO PP. IX, per me infra scriptum S. C. a Secretis relatis, Sanctitas Sua Decretum probavit et promulgari præcepit.

In quorum fidem, etc.

Datum Romæ die 28 aprilis 1853.

J. A. Episcopus Sabinus Card. Brignole Præfectus.

Fr. A. V. Modena Ord. Pr. S. Ind. Congr. a Secret. Loco

✝ Sigilli.

« glise gallicane, relativement aux décrets de la sacrée Congrégation
« de l'Index, on doit regarder ces décrets comme obligatoires. On ne
« peut invoquer aucun usage, aucune coutume qui nous affranchisse
« de cette obligation ; on ne prescrit point contre les prérogatives du
« Saint-Siége, ni contre ceux des actes dont le Pape ne peut lui-même
« se dispenser : tels sont ceux par lesquels il se croit obligé, comme
« chef de l'Église universelle, de prémunir les fidèles contre le danger
« des mauvaises doctrines.

« Les pasteurs, les prédicateurs et les directeurs des âmes, dit Mgr de la
« Rochelle, dans son admirable Lettre pastorale pour le Carême de 1853,
« rappelleront aux fidèles, avec tout le zèle que le Saint-Esprit leur
« inspirera, l'obligation grave pour tout chrétien de se conformer sans
« délai aux lois de l'Eglise à l'égard de tous les livres qu'elle interdit. »

Monseigneur de Luçon, dans sa savante et belle instruction pastorale sur l'Index des livres prohibés, instruction qu'on ne saurait assez recommander, s'exprime ainsi :

« La condamnation faite par le Saint-Siége a un poids et une autorité
« qu'aucun catholique ne peut-être tenté de méconnaître ; elle oblige
« tous les fidèles dans toute l'Eglise. »

Cette dixième règle de l'Index est si formelle, les Conciles d'Avignon, d'Alby, de Bordeaux, d'Auch et de Toulouse sont si positifs, les savants prélats de Reims, de la Rochelle et de Luçon, si clairs, qu'on est étonné et surpris d'entendre quelques auteurs infectés de la doctrine des parlements soutenir encore que les décisions de la sacrée Congrégation de l'Index ne sont pas obligatoires en France. Ce sentiment est téméraire et insoutenable ; il est en opposition directe avec la soumission respectueuse que nous prêchent les laïques depuis quelques années.

TABLE

BIBLIOTHEQUE NATIONALE DE FRANCE
3 7502 01854868 7